中学校
新学習指導要領

国語の授業づくり

冨山　哲也
Tomiyama　Tetsuya

明治図書

まえがき

　平成29年3月に告示された新しい中学校学習指導要領は，平成30年度から3年間の移行措置期間を経て，2021年度から全面実施されます。今回の学習指導要領改訂は，各教科等の目標と内容等を，「知識及び技能」「思考力，判断力，表現力等」「学びに向かう力，人間性等」の3つの資質・能力で整理しました。また，各教科等の「見方・考え方」を働かせ，「主体的・対話的で深い学び」の実現に向けた授業改善を求めています。

　国語科については，上記を受けて〔知識及び技能〕〔思考力，判断力，表現力等〕で内容を整理するとともに，「言葉による見方・考え方」を働かせ，言語活動を通して資質・能力を育成することを一層明確にしました。基本的には平成29年告示の学習指導要領の考えを継承するものですが，これまでと変わらないという認識は適切ではありません。

　本書は，『中学校学習指導要領（平成29年告示）解説　国語編』の内容の中から，特に重要な事柄をトピックとして取り上げて説明します。その上で，学習指導要領から授業をつくるという提案をしています。改訂期に当たって改めて学習指導要領を読み，「楽しくて力の付く授業」を構想することは極めて重要なことですし，教師の醍醐味であるとも思います。
　説明は，経験の浅い先生や大学生の読者のために，できるだけ平易になるように努めました。ベテランの先生方には既に十分お分かりのことも多いと思いますが，趣旨をご理解ください。

　本書は，次のように構成しています。
　第1章では，新しい学習指導要領のキーワードを解説しながら，『中学校学習指導要領（平成29年告示）解説　国語編』の読み方を説明します。学習

指導要領を理解することは，生徒に資質・能力を身に付けさせる授業の第一歩です。『解説　国語編』を傍らに置いて読むことをお勧めします。

第２章では，新学習指導要領から国語科の授業をつくる具体的な手順について述べます。授業づくりの手順は，概ね次のようになります。

①指導事項の決定と内容の理解
②教材・題材と言語活動の設定
③単元の計画
④毎時間の指導と評価の計画

第３章から第５章では，「話すこと・聞くこと」「書くこと」「読むこと」の具体的な授業アイデアを掲載しています。言語活動を通して指導事項について指導するという考え方に基づき，指導事項に即して言語活動例を具体化して単元をデザインしました。その際のワークシートになる「単元構想表」という簡単な書式も示しています。

第６章では，〔知識及び技能〕の指導事項について単独で取り上げる授業のアイデアを掲載しています。新しい学習指導要領では，〔知識及び技能〕の内容について生徒が一層自覚的になり，３領域の学習で活用を図るようにすることが求められています。そのために，〔知識及び技能〕を重点的に指導する例を示しました。

本書で示した授業例はアイデアの段階のものも含んでいます。興味をもたれたら，是非，実践してみてください。その上でお気付きになった点やご意見をお知らせいただけると幸いです。

2018年６月

冨山　哲也

目次

まえがき

第1章
キーワードで見る
新学習指導要領の読み方

❶学習指導要領の全体の構成……………………………………………010
❷教科目標の構成……………………………………………………………012
❸資質・能力「知識及び技能」……………………………………………014
❹資質・能力「思考力，判断力，表現力等」……………………………016
❺資質・能力「学びに向かう力，人間性等」……………………………018
❻指導事項と言語活動………………………………………………………020
❼言葉による見方・考え方…………………………………………………022
❽カリキュラム・マネジメント……………………………………………024
❾主体的・対話的で深い学びの視点からの授業改善……………………026
❿学習評価の観点……………………………………………………………028

第2章
新学習指導要領を踏まえた授業づくりの考え方

❶指導事項の決定と内容の理解……………………………………032
❷教材・題材と言語活動の設定……………………………………034
❸学習過程を踏まえた「話すこと・聞くこと」の単元計画……036
❹学習過程を踏まえた「書くこと」の単元計画…………………038
❺学習過程を踏まえた「読むこと」の単元計画…………………040
❻毎時間の指導と評価の計画………………………………………042
❼「共有」の資質・能力を身に付けるグループ学習……………044
❽評価,テストの改善・工夫………………………………………046
❾書写の授業づくりのポイント……………………………………049
❿読書活動のポイント………………………………………………052

第3章
単元構想表で見る「話すこと・聞くこと」の言語活動

❶小学校の思い出を紹介する―思い出の写真―…………………056
　　第1学年　ア
❷「合唱コンクール」のスローガンについて話し合う…………060
　　第1学年　イ
❸「中学生と部活動」のテーマで討論する………………………064
　　第2学年　イ
❹小学校6年生に楽しい中学校生活を提案する…………………068
　　第3学年　ア

第4章
単元構想表で見る「書くこと」の言語活動

❶夏休みの経験を新聞で報告する……………………………………074
　第1学年　イ
❷心に残る出来事について随筆を書く………………………………078
　第1学年　ウ
❸「若者言葉」について自分の意見を述べる文章を書く……………082
　第2学年　ア
❹他の中学校の生徒に質問の電子メールを送る……………………086
　第2学年　イ
❺国民体育大会のスローガンを批評する……………………………090
　第3学年　ア
❻パラスポーツを紹介するリーフレットを作る……………………094
　第3学年　イ

第5章
単元構想表で見る「読むこと」の言語活動

❶方言について新たに分かったことを報告する …………………… 100
　第1学年　ア
❷「少年の日の思い出」の表現についてスピーチする …………… 104
　第1学年　イ
❸ゴミ問題について情報を得て報告する ………………………… 108
　第1学年　ウ
❹解説文を読んで『平家物語』について説明する ………………… 112
　第2学年　ア
❺「走れメロス」―14歳のレビューを書く― ……………………… 116
　第2学年　イ
❻「落語」について複数のメディアで調べる ……………………… 120
　第2学年　ウ
❼新聞の「社説」を比較して討論する ……………………………… 124
　第3学年　ア
❽3年間で読んだ教科書の詩を批評する ………………………… 128
　第3学年　イ
❾○○中学校版「防災の手引き」を作る …………………………… 132
　第3学年　ウ

第6章
単元構想表で見る
「語彙・読書・言語文化」の指導アイデア

❶物語の中から心情を表す語を探す……………………………………138
　第1学年　語彙
❷「市政の基本計画」を整理する………………………………………140
　第2学年　情報と情報との関係
❸「世界一高い建造物」を確定する……………………………………142
　第3学年　情報の整理
❹『論語』の言葉を使ってメッセージを書く…………………………144
　第3学年　伝統的な言語文化
❺広告の敬語について考える……………………………………………146
　第2学年　言葉遣い
❻学校図書館の本を関連付ける…………………………………………148
　第1学年　読書

あとがき

第 **1** 章

キーワードで見る
新学習指導要領の読み方

CHAPTER
1

第1章

学習指導要領の全体の構成

1 学習指導要領の「読み方」

　学習指導要領は，一見無味乾燥で読みにくいという印象があるでしょう。しかし，「読み方」が分かれば読みやすくなり，授業づくりに役立ちます。ここではまず，中学校国語科の学習指導要領の「読み方」を説明します。なお，この後，学習指導要領の文面のことを「本文」と呼び，『学習指導要領解説　国語編』のことを『解説』と呼ぶことにします。

2 『解説』の構成

　目次を見ると，『解説』は4つの章で構成されていることが分かります。
　第1章は「総説」です。学習指導要領全体に関わる改訂の経緯，国語科の改訂の要点が示されています。学習指導要領は概ね10年おきに，時代の変化に対応して改訂されています。特に今回は，全ての教科等を通じて共通に取り組まれた内容があります。「総説」を読んでそれを理解しましょう。その上で，全体方針を踏まえて国語科がどのように改訂されたのか，そのポイントを整理しておきましょう。
　第2章は，「国語科の目標及び内容」です。「本文」の冒頭に示される目標は，一般に「教科の目標（＝教科目標）」と呼ばれ，その教科の指導が目指すことを端的に示しています。そして，教科の目標を受けて各学年で示されているのが「学年の目標」です。この目標を達成するために何を指導するのかを示したものが「内容」です。第2章では，内容が，〔知識及び技能〕と〔思

考力，判断力，表現力等〕の大きく2つで構成されていることが説明され，それに続いて，〔知識及び技能〕と〔思考力，判断力，表現力等〕についてその系統性を概観しています。例えば，「読むこと」について3年間でどのような力を付けていくのか見通したい場合は，第2章を読むとよいでしょう。

　第3章は，「各学年の内容」です。第2章で述べてきたことを，学年ごとにより詳しく説明しています。例えば，第1学年の国語の指導内容を詳細に理解したい場合は，第3章を読むとよいでしょう。

　第4章は，「指導計画の作成と内容の取扱い」です。それぞれの教科等の指導を進める上での留意点が示されています。国語科で言えば，例えば「話すこと・聞くこと」や「書くこと」の指導については，年間これぐらいの時数をかけなければならないという目安が示されていることなどです。今回の『解説』では，この部分で「主体的・対話的で深い学び」についての説明がされています。「目標」や「内容」と同様にとても重要な章ですので，しっかり読み込んでおきたいものです。

3　巻末の一覧表

　『解説』には，第1章から第4章に加えて，巻末に「教科の目標，各学年の目標及び内容の系統表（小・中学校）」（以下「一覧表」と言います。）が付いています。これは，平成20年版学習指導要領の『解説』から付いたものですが，とても大事なページです。

　「一覧表」は，見開き2ページがひとまとまりで，「教科の目標，学年の目標」，〔知識及び技能〕の「(1)言葉の特徴や使い方に関する事項」，「(2)情報の扱い方に関する事項，(3)我が国の言語文化に関する事項」，〔思考力，判断力，表現力等〕の「A　話すこと・聞くこと」，「B　書くこと」，「C　読むこと」の順になっています。それぞれについて，左ページに小学校，右ページに中学校が表の形で示されています。目標と内容が一覧できるとともに，指導内容の系統性や関連性が捉えやすくなっています。

教科目標の構成

1 3つの資質・能力

　前項で，今回の学習指導要領改訂では，全ての教科等を通じて共通して取り組まれた内容があると述べました。それは，目標や内容を，3つの資質・能力で共通して整理したことです。以下は「総説」の中の説明です。

> 　教育課程全体を通して育成を目指す資質・能力を，ア「何を理解しているか，何ができるか（生きて働く「知識・技能」の習得）」，イ「理解していること・できることをどう使うか（未知の状況にも対応できる「思考力・判断力・表現力等」の育成）」，ウ「どのように社会・世界と関わり，よりよい人生を送るか（学びを人生や社会に生かそうとする「学びに向かう力・人間性等」の涵養）」の三つの柱に整理するとともに，各教科等の目標や内容についても，この三つの柱に基づく再整理を図るよう提言がなされた。

中学校国語科ではこれに基づいて，次のように教科目標が設定されました。

> 　言葉による見方・考え方を働かせ，言語活動を通して，国語で正確に理解し適切に表現する資質・能力を次のとおり育成することを目指す。
> 　(1)　社会生活に必要な国語について，その特質を理解し適切に使うことができるようにする。
> 　(2)　社会生活における人との関わりの中で伝え合う力を高め，思考力

> や想像力を養う。
> (3) 言葉がもつ価値を認識するとともに，言語感覚を豊かにし，我が国の言語文化に関わり，国語を尊重してその能力の向上を図る態度を養う。

2 資質・能力に対応した目標

　まず，最初の一文（柱書）で，国語科が国語で理解し表現する言語能力を育成する教科であることを示しています。取り上げる教材や題材が多岐にわたる国語科の授業では，どのような力を付けようとしているのかがあいまいになってしまうことがあります。その際，国語科は言語能力を育成する教科であるということの再確認が重要になるのです。続いて，(1)から(3)が示されています。これらは，３つの資質・能力に対応しています。

> (1)…「知識及び技能」に関する目標
> (2)…「思考力，判断力，表現力等」に関する目標
> (3)…「学びに向かう力，人間性等」に関する目標

　この「柱書＋３つの資質・能力に対応した目標」という構成は，今回全ての教科等の目標に共通して取り入れられました。他の教科等ではどのような資質・能力を育成しようとしているか，是非，読んでほしいと思います。

3 学年目標への反映

　教科目標を受けて，各学年の目標（学年目標と呼びます）が示されています。(1)の「知識及び技能」に対応する目標は，全学年共通しています。(2)と(3)は，学年の重点を示しつつ系統性を踏まえて設定されています。

第1章

3 資質・能力「知識及び技能」

1 国語科の内容の構成

目標と同様，国語科の内容も，3つの資質・能力に基づいて次のように整理されました。

> ○〔知識及び技能〕…「知識及び技能」に対応
> ○〔思考力，判断力，表現力等〕…「思考力，判断力，表現力等」に対応
> ○「学びに向かう力，人間性等」については，学年及び教科の目標で示す

2 〔知識及び技能〕の内容

〔知識及び技能〕の内容は，『解説』第2章・第2節の2でまとめて説明されています。まず，〔知識及び技能〕の内容の構造について理解しておきましょう（次ページ参照）。

〔知識及び技能〕は，大きく3つの内容で構成されています。

(1)は，「言葉の特徴や使い方に関する事項」です。この中に，「言葉の働き」から「表現の技法」まで7つの項目が示されています。

(2)は，「情報の扱い方に関する事項」です。これは，急速に情報化が進展している社会の状況を踏まえて，今回の改訂で新たに設けられた内容です。アの「情報と情報との関係」，イの「情報の整理」の2つの内容で構成し，系統的に示されています。

(3)は、「我が国の言語文化に関する事項」です。今回の改訂では、「伝統的な言語文化」、「言葉の由来や変化」、「書写」、「読書」に関する内容を「我が国の言語文化に関する事項」として整理しています。

〔知識及び技能〕に示されたものの多くは、平成20年版学習指導要領の〔伝統的な言語文化と国語の特質に関する事項〕に示されていたものですが、「話すこと・聞くこと」「書くこと」「読むこと」の内容から移されたものもあります。また、今回の改訂で新たに加わったものもあります。

```
〔知識及び技能〕
├─ (1)言葉の特徴や使い方に関する事項
│    ├─ ○言葉の働き
│    ├─ ○話し言葉と書き言葉
│    ├─ ○漢字
│    ├─ ○語彙
│    ├─ ○文や文章
│    ├─ ○言葉遣い
│    └─ ○表現の技法
├─ (2)情報の扱い方に関する事項
│    ├─ ○情報と情報との関係
│    └─ ○情報の整理
└─ (3)我が国の言語文化に関する事項
     ├─ ○伝統的な言語文化
     ├─ ○言葉の由来や変化
     ├─ ○書写
     └─ ○読書
```

3 〔知識及び技能〕の捉え方

〔知識及び技能〕に示された内容を、個別の事実的な知識や一定の手順のことのみを指していると捉え、暗記やドリル学習中心で身に付けさせようと考えるのは誤りです。

知識や技能は、国語で理解したり表現したりする様々な場面の中で生きて働かなければなりません。そのため基本的には、「話すこと・聞くこと」「書くこと」「読むこと」の学習の中で、思考・判断し表現することを通じて育成を図ることが求められます。

資質・能力
「思考力, 判断力, 表現力等」

1 〔思考力, 判断力, 表現力等〕の内容

　3つの資質・能力のうち,「思考力, 判断力, 表現力等」に関しては,〔思考力, 判断力, 表現力等〕としてまとめて示されています。『解説』第2章・第2節の3を読んで, 内容の構造を理解しましょう。

　右の図のように, 内容は「A　話すこと・聞くこと」,「B　書くこと」,「C　読むこと」の3つの分野で構成されています。この3つを「領域」と呼んでいます。

　それぞれの領域には,(1)の指導事項と,(2)の言語活動例が示されています。指導事項は文字通り指導すべき事項ということですが, 同時に, 何ができるようになるかという「付けたい力」を表したものと捉えることができます。試みにどれか指導事項を選んで, 文末

〔思考力, 判断力, 表現力等〕
　A　話すこと・聞くこと
　　(1)指導事項
　　(2)言語活動例
　B　書くこと
　　(1)指導事項
　　(2)言語活動例
　C　読むこと
　　(1)指導事項
　　(2)言語活動例

に「〜ができる。」と付けてみましょう。それが, その学年の全ての生徒に付けたい国語の力ということです。これは,〔知識及び技能〕の指導事項についても同様です。

　言語活動例については,「(1)に示す事項については, 例えば, 次のような言語活動を通して指導するものとする。」と本文で定められています。つま

り、「言語活動を通して指導事項について指導する」というのが、国語の学習指導の基本的な考え方だということです。

2 指導事項と「学習過程」

　『解説』を読むと、指導事項は「学習過程」に沿って構成していると書かれています。この「学習過程」とは何でしょうか。私たちは言葉によって「認識から思考へ」、「思考から表現へ」という過程をたどっています。それを「話すこと・聞くこと」、「書くこと」、「読むこと」の学習に即して整理したものが「学習過程」であると考えるとよいでしょう。例えば「書くこと」については、「題材の設定、情報の収集、内容の検討」、「構成の検討」、「考えの形成、記述」、「推敲」、「共有」という学習過程が設定されています。この学習過程を意識することで、個々の指導事項の意味が一層明確になります。また、この学習過程をたどって単元の構想をすることもできます。ただし、指導事項を必ずこの順序で指導しなくてはいけないというわけではありません。必要に応じて、特に重視する指導事項を取り立てたり、順番を入れ替えたりすることがあるでしょう。詳しいことは、本書の第2章で説明します。

3 言語活動例の系統性

　今回の改訂では、言語活動例を言語活動の種類ごとにまとめて示しています。例えば「話すこと・聞くこと」では、各学年の言語活動例アは、話し手がある程度まとまった話をし、それを聞いて、聞き手が質問や意見、助言、評価などを述べる言語活動になっています。そして、イは、目的に沿って、互いの考えを伝え合ったり生かし合ったりする話合いや議論、討論などの言語活動になっています。なお、言語活動例は例示ですから、各学年に示されたものを必ず設定しなければならないわけではなく、また、例示されたもの以外の言語活動を設定しても全く問題ありません。

資質・能力
「学びに向かう力,人間性等」

1 「学びに向かう力,人間性等」とは

　「学びに向かう力,人間性等」は,「『どのように社会や世界と関わり,よりよい人生を送るか』に関わる『学びに向かう力,人間性等』」(『中学校学習指導要領解説 総則編』。以下,『解説 総則編』)と表現されているように,生徒の情意や態度面に関わる資質・能力です。これからの時代,学校での学習は,生徒一人一人がよりよい社会や幸福な人生を切り拓いていくことにつながらなくてはなりません。そのためには,学習することの意義や価値を理解して主体的に学習に取り組み,学習したことを日常生活や社会生活に役立てていこうとする態度が必要です。もちろん,そのような態度を育成するためには,教師の指導の工夫が不可欠です。

2 「学びに向かう力,人間性等」の位置付け

　『解説』では,「学びに向かう力,人間性等」の示し方について,次のように説明しています。

> 　「知識及び技能」と「思考力,判断力,表現力等」の育成において大きな原動力となるのが「学びに向かう力,人間性等」である。「学びに向かう力,人間性等」については,教科及び学年の目標においてまとめて示し,指導事項のまとまりごとに示すことはしていない。

つまり、「学びに向かう力，人間性等」は、〔知識及び技能〕や〔思考力，判断力，表現力等〕の内容と横並びになるものではなく、

〔知識及び技能〕	〔思考力，判断力，表現力等〕
学びに向かう力，人間性等	

指導に当たって常に意識される必要があることが分かります。図示するならば，右のような関係性にあると言えるでしょう。

3 教科目標に見る「学びに向かう力，人間性等」

改めて「学びに向かう力，人間性等」に関する目標を見てみましょう。

> (3) 言葉がもつ価値を認識するとともに，言語感覚を豊かにし，我が国の言語文化に関わり，国語を尊重してその能力の向上を図る態度を養う。

　ここに示された態度を育成することを常に意識して指導に当たることが必要です。言葉がもつ価値には，言葉によって自分の考えを形成したり新しい考えを生み出したりすること，言葉から様々なことを感じたり，感じたことを言葉にしたりすることで心を豊かにすること，言葉を通じて人や社会と関わり自他の存在について理解を深めることなどがあります。こうしたことを価値として認識させるようにします。言語感覚とは，言語で理解したり表現したりする際の正誤・適否・美醜などについての感覚のことです。我が国の言語文化に関わるとは，文化としての言語，また，それらを実際の生活で使用することによって形成されてきた文化的な言語生活，さらには，古代から現代までの各時代にわたって，表現し，受容されてきた多様な言語芸術や芸能などに関わることです。国語に対する自覚や関心を高め，話したり聞いたり書いたり読んだりすることが，生徒一人一人の言語能力を更に向上させていきます。その中で，国語を愛護し，国語を尊重して，国語そのものを一層優れたものに向上させていこうとする意識や態度が育っていきます。

指導事項と言語活動

1 国語科で重視する言語活動

　〔思考力，判断力，表現力等〕の各領域の指導事項と言語活動の関係について，もう少し詳しく見ておきましょう。

　国語科の授業で重視する言語活動は，単に「話す」「聞く」「書く」「読む」という日常的な活動のことではありません。「認識から思考へ」，「思考から表現へ」という過程を含んだひとまとまりの活動を言語活動と捉えることが大切です。そのイメージが，次のように言語活動例に示されています。

○紹介や報告など伝えたいことを話したり，それらを聞いて質問したり意見などを述べたりする活動。（第１学年「話すこと・聞くこと」ア）
○短歌や俳句，物語を創作するなど，感じたことや想像したことを書く活動。　　　　　　　　　　　　　　　　　　（第２学年「書くこと」ウ）
○論説や報道などの文章を比較するなどして読み，理解したことや考えたことについて討論したり文章にまとめたりする活動。
　　　　　　　　　　　　　　　　　　　　　　（第３学年「読むこと」ア）

　このような言語活動例の示し方は，平成20年版学習指導要領を継承しています。言語活動の重視により，中学校の国語の授業が大きく変わりました。それは，言語活動が明確になることにより，生徒の主体性が引き出せる，思考したり表現したりする必然性が生まれる，学んだことを日常生活や他教科等の学習で生かすことができる等の効果があったからです。

2 指導事項に即した言語活動

　ただ，注意したいのは，活動ばかりに目が向いてしまい，どのような資質・能力を育てようとしているのかがあいまいになることです。いわゆる「活動あって学びなし」の状態は避けなければなりません。まず，付けたい力（＝指導事項）があって，それを指導する上で有効な言語活動を設定するという考え方が基本です。前ページの「書くこと」の言語活動例で説明しますと，まず，第2学年「書くこと」の指導事項を確認します。今回は特に，「考えの形成，記述」に当たるウを重点的に指導することにしました。

> ウ　根拠の適切さを考えて説明や具体例を加えたり，表現の効果を考えて描写したりするなど，自分の考えが伝わる文章になるように工夫すること。

　ここに，「説明や具体例」を加えることや，「描写」することが示されています。これらについて，教師の説明やドリル的な学習のみでは力が定着しません。実際に文章を書く中で思考，判断，表現してみることで，資質・能力として身に付きます。そこで，言語活動が重要になります。言語活動例ウを参考にして，例えば，「地元に伝わる昔話を参考にして，新しい物語をつくってみよう。」という言語活動を設定します。

　分かりやすい物語を書くためには，時代や場所の状況を説明したり，風景や登場人物の様子を描写したりすることが必要になります。既にある昔話の叙述を参考にしながら，自分なりの表現を工夫して書いていきます。書いた文章について，説明や描写に関してどのような工夫をしたのかを明らかにするようにします。その上で他の人と読み合い，互いの工夫に学びます。

　このように，指導事項と言語活動を組み合わせることで，「楽しくて力が付く」授業が実現するのです。

言葉による見方・考え方

1 教科等の特性を表す「見方・考え方」

今回の改訂では、教科目標の柱書の中に「見方・考え方」を働かせることが共通して示されています。

「見方・考え方」については、『解説　総則編』で次のように説明されています。

目標に示された各教科等の「見方・考え方」

国語	言葉による見方・考え方
社会	社会的な見方・考え方
数学	数学的な見方・考え方
理科	理科の見方・考え方
音楽	音楽的な見方・考え方
美術	造形的な見方・考え方
保健体育	体育や保健の見方・考え方
技術・家庭	生活の営みに係る見方・考え方や技術の見方・考え方
外国語	外国語によるコミュニケーションにおける見方・考え方
総合的な学習の時間	探究的な見方・考え方
特別活動	集団や社会の形成者としての見方・考え方

> 各教科等の「見方・考え方」は、「どのような視点で物事を捉え、どのような考え方で思考していくのか」というその教科等ならではの物事を捉える視点や考え方である。各教科等を学ぶ本質的な意義の中核をなすものであり、教科等の学習と社会をつなぐものである（略）。

つまり、教科等の学習の特性を表すのが「見方・考え方」であると言えます。例えば、国語科でも特別活動でも「話合い」について学習しますが、その際に、国語科では言葉による見方・考え方を働かせ、特別活動では集団や社会の形成者としての見方・考え方を働かせることが重要になります。

2 言葉による見方・考え方を働かせるとは

では,「言葉による見方・考え方を働かせる」とは,どのようなことでしょうか。『解説』では次のように説明されています(下線は筆者)。

> 言葉による見方・考え方を働かせるとは,生徒が学習の中で,対象と言葉,言葉と言葉との関係を,言葉の意味,働き,使い方等に着目して捉えたり問い直したりして,<u>言葉への自覚を高める</u>ことであると考えられる。様々な事象の内容を自然科学や社会科学等の視点から理解することを直接の学習目的としない国語科においては,<u>言葉を通じた理解や表現及びそこで用いられる言葉そのものを学習対象としている</u>。このため,「言葉による見方・考え方」を働かせることが,国語科において育成を目指す資質・能力をよりよく身に付けることにつながることとなる。

中学校社会科の指導事項に次のようなものがあります。これと,国語科の指導を比べてみましょう。

> ・**社会科の指導事項**
> 私たちがよりよい社会を築いていくために解決すべき課題を多面的・多角的に考察,構想し,自分の考えを説明,論述すること。

国語科の授業の中でも,社会的な事象について多面的・多角的に考えることは大切です。しかし,それが学習の目標ではありません。考えたことを分かりやすく伝えるために,適切に資料を引用したり,表現の仕方を工夫したりすることが不可欠で,これが,言葉による見方・考え方を働かせた国語科としての学習ということになります。このような捉え方はこれまでも意識されてきたことで,何かこれまでにない新しいことと考える必要はありません。

カリキュラム・マネジメント

1 教育課程の編成

　新学習指導要領では,「カリキュラム・マネジメント」という言葉が多く使われています。これはいったいどういうもので,国語科の学習指導とどんな関係があるのでしょうか。

　まず,「教育課程」について整理してみる必要があります。教育課程とは,学校教育の目的や目標を達成するために,各学校が編成する教育計画のことを言います。教育課程は,法令や学習指導要領,自治体の教育方針を踏まえて作成されますが,どの学校も全く同じになるということはありません。なぜなら,児童生徒や地域等の状況は学校によって異なるからです。各学校は,自校の特性を生かし,自校の課題を解決することを目指して教育課程を編成することになります。そして,各教科の指導計画も,学校の教育課程を踏まえて作成されることは言うまでもありません。

　これまでも,教育課程を編成・実施し,評価・改善することの重要性が言われてきました。カリキュラム・マネジメントも基本的にこのこと踏まえていますが,もう少し大きな取組として捉える必要があります。

2 カリキュラム・マネジメントとは

　カリキュラム・マネジメントについては,中学校学習指導要領第1章「総則」第1の4で次のように定められています（下線と丸数字は筆者）。

> 　各学校においては，①生徒や学校，地域の実態を適切に把握し，教育の目的や目標の実現に必要な教育の内容等を教科等横断的な視点で組み立てていくこと，②教育課程の実施状況を評価してその改善を図っていくこと，③教育課程の実施に必要な人的又は物的な体制を確保するとともにその改善を図っていくことなどを通して，教育課程に基づき組織的かつ計画的に各学校の教育活動の質の向上を図っていくこと（以下「カリキュラム・マネジメント」という。）に努めるものとする。

　ここでは，カリキュラム・マネジメントの3つの側面が示されています。
　これまで言われてきた，教育課程の評価・改善の重要性は②に含まれています。これ以外に①③の側面があることを理解しておきましょう。

3　国語科のカリキュラム・マネジメント

　では，国語科のカリキュラム・マネジメントとして，どのようなことを行っていけばよいでしょうか。
　まず，②の側面から，国語科の教育課程の充実を図っていきましょう。教科書の指導計画だけに頼るのではなく，目の前の生徒の実態を把握し，付けたい力を明確にした年間指導計画を考えます。その際，〔知識及び技能〕と〔思考力，判断力，表現力等〕の関係，領域間の関連などを図ることが重要です。
　次に，①の側面から，教科等横断的な視点で指導計画や指導内容を見直すようにしましょう。他教科の「知識及び技能」「思考力，判断力，表現力等」「学びに向かう力，人間性等」について関心をもち，進んで関連を図るようにします。また，③の側面から，国語科の指導内容を保護者や地域に積極的に発信し，家庭教育と連携を図ったり，学校外の様々な人に授業に関わっていただいたりして，ダイナミックな指導を構想しましょう。

主体的・対話的で深い学び
の視点からの授業改善

1 アクティブ・ラーニングの導入

　新学習指導要領のキーワードの１つが，「主体的・対話的で深い学び」であることは言を俟たないでしょう。この言葉が使われる前に，「アクティブ・ラーニング」という言葉が注目されていました。アクティブ・ラーニングはもともと大学の授業の改善に関する考え方で，教員による一方向的な講義形式の教育ではなく，学生が能動的に学習に参加するようにする教授・学習法のことを言います。主に「主体的・協働的な学習」と訳され，これからの時代に必要な学習のスタイルとして，小・中学校でも研究・実践が進みました。一方，「アクティブ・ラーニング」という特定の指導法の「型」があるのではないかいう誤解なども一部で見られ，学習指導要領改訂に当たっては，「主体的・対話的で深い学び」という考え方で整理されました。中学校国語科においても，第３「指導計画の作成と内容の取扱い」の１(1)の中で，「単元など内容や時間のまとまりを見通して，その中で育む資質・能力の育成に向けて，生徒の主体的・対話的で深い学びの実現を図るようにすること。」と示されています。

2 主体的・対話的で深い学びの実現に向けた視点

　アクティブ・ラーニングと同様，主体的・対話的で深い学びは特定の指導の「型」を指すものではありません。授業を見直すことにより，結果として実現する姿のことと考えるとよいでしょう。『解説　総則編』では，授業改

善の視点という捉え方で，次のように説明しています。

> ① 学ぶことに興味や関心を持ち，自己のキャリア形成の方向性と関連付けながら，見通しをもって粘り強く取り組み，自己の学習活動を振り返って次につなげる「主体的な学び」が実現できているかという視点。
> ② 子供同士の協働，教職員や地域の人との対話，先哲の考え方を手掛かりに考えること等を通じ，自己の考えを広げ深める「対話的な学び」が実現できているかという視点。
> ③ 習得・活用・探究という学びの過程の中で，各教科等の特質に応じた「見方・考え方」を働かせながら，知識を相互に関連付けてより深く理解したり，情報を精査して考えを形成したり，問題を見いだして解決策を考えたり，思いや考えを基に創造したりすることに向かう「深い学び」が実現できているかという視点。

　①からは，「真面目な学習態度＝主体的な学び」というわけではないことが分かります。生徒自身が見通しをもって学習に取り組み，学習活動を振り返ることを生涯の学びにつなげていくような姿が望まれます。

　②からは，「話合い活動＝対話的な学び」というわけではないことが分かります。対話によって，それぞれの考えが広がったり深まったりしていることが重要です。また，生徒同士の対話だけでなく，生徒と教師もしっかり対話しなくてはなりません。それが，「深い学び」のきっかけになります。

　③からは，「深い学び」のポイントが「見方・考え方」を働かせることにあることが分かります。国語科において育成を目指す資質・能力が確実に育成され，生徒の言葉への自覚が高まっている姿が，深い学びの状態であると言えます。その状態の具体は，指導内容や教材・題材によって様々です。活動だけに目を奪われるのではなく，力が付いたかどうかを見るのが深い学びの視点です。

学習評価の観点

1 目標に準拠した評価の継続

　授業を進めていく上で学習評価は欠かせないものですが，改めて，なぜ学習評価が必要なのか考えてみましょう。学習評価には，大きく分けて次の3つの目的があります。

> ①学習指導の在り方を見直すこと。
> ②個に応じた指導の充実を図ること。
> ③学校における教育活動を組織として改善すること。

　これらの目的を達成するために，「目標に準拠した評価」が行われています。言うまでもなく，目標に準拠した評価は，学習指導要領に基づいて単元等の目標を設定し，その実現状況を評価する方法です。目標に照らして，「十分満足できる」状況をA，「おおむね満足できる」状況をB，「努力を要する」状況をCと評価します。注意したいのは，「目標に準拠した評価」は，生徒集団の中の順位や比較によるものではないということです（順位や比較によって行う評価を「相対評価」「集団に準拠した評価」と言います）。相対評価の場合，どのような授業でもA・B・Cの生徒が一定の割合でいることになります。これでは，自分の指導を見直すことにつながりません。一方，目標に準拠した評価の場合は，うまくいかなかった授業ではCの生徒が増えることになり，指導を見直す契機になります。上記の目的①③を達成するためには，目標に準拠した評価が必要であることが分かります。

また，目標に準拠した評価を進める上では，Ｂの状況を表す「評価規準」を設定して評価します。そのことにより，授業中にＢの状況に至っていない生徒（＝Ｃの状況の生徒）を見つけることが容易になります。Ｃの状況の生徒が見つかれば，速やかに指導・支援を行うことができます。それが，目的②の達成につながります。新学習指導要領に基づく指導においても，引き続き，目標に準拠した評価の充実が求められるでしょう。

2　学習評価の今後の方向性

　現在，目標に準拠した評価を「観点別」に行っています。国語は，３領域１事項に対応して「話す・聞く能力」「書く能力」「読む能力」「言語についての知識・理解・技能」を設定し，これに「国語への関心・意欲・態度」を加えた５観点の評価が行われています。観点別評価は，生徒の学力を細かく把握し，教師の指導に役立てるとともに個々の生徒の自覚を促すという効果があります。

　この観点について，平成28年12月の「中央教育審議会答申」（以下『答申』）では，全教科等に共通して次の３つで整理することを提言しています。

○知識・技能
○思考・判断・表現
○主体的に学習に取り組む態度

　これは，「２　教科目標の構成」で述べた，３つの資質・能力に対応しています。詳細は現在検討されていますが，国語科においては，〔知識及び技能〕の内容については「知識・技能」で評価し，〔思考力，判断力，表現力等〕の内容については「思考・判断・表現」で評価することになると思われます。

　中学校では，2020年度までは現行の評価の観点が続きます。その実践の中

で，目標に準拠した評価の質を高めること，「思考・判断・表現」の評価の方法を試行することが重要になります。また，多様な評価方法の例として，「パフォーマンス評価」「ルーブリック」「ポートフォリオ評価」等の考え方についても，関心をもってほしいと思います（p.46参照）。

第 2 章

新学習指導要領を踏まえた
授業づくりの考え方

CHAPTER
2

指導事項の決定と内容の理解

1 指導事項の決定

　まず,単元の授業で育成を目指す資質・能力(=付けたい力)を明確にします。資質・能力は指導事項に示されていますので,授業に位置付ける指導事項を明確にするということです。その際,指導事項を資質・能力として捉えるために,文末を「～ができる。」と言い換えてみるとよいでしょう。
　例えば,
　・敬語の働きについて理解し,話や文章の中で使うこと。(第2学年〔知識及び技能〕(1)カ)
　→敬語の働きについて理解し,話や文章の中で使うことができる。
　・相手の反応を踏まえながら,自分の考えが分かりやすく伝わるように表現を工夫すること。(第1学年〔思考力,判断力,表現力等〕「話すこと・聞くこと」ウ)
　→相手の反応を踏まえながら,自分の考えが分かりやすく伝わるように表現を工夫することができる。
としてみることで,当該学年において全ての生徒がどのようなことができるようにならなければいけないかが明確になります。
　当然のことですが,全ての指導事項について,年間に最低1回は指導と評価がなされなければなりません。できれば,身に付けた力を発揮する機会を年間に複数回設定して,能力の定着を図ることが望まれます。例えば,中学校第1学年には29の指導事項がありますが,それらについて的確に指導していくための年間指導計画の作成が必要だということです。

2 指導事項の内容の理解と組み合わせ

　授業に位置付ける指導事項を決めたならば，『解説』によって，その指導事項の内容を詳しく理解するようにします。例えば，前ページのウの指導事項については，次のように説明されています。

　相手の反応を踏まえるとは，うなずきや表情などの聞き手の反応から，話の受け止め方や理解の状況を捉えることである。小学校第3学年及び第4学年における〔知識及び技能〕の(1)「イ　相手を見て話したり聞いたりするとともに，言葉の抑揚や強弱，間の取り方などに注意して話すこと。」の学習を踏まえ，中学校では相手の反応に注意することを求めている。

　ここから，相手を見るだけでなく，聞き手のうなずきや表情などに注意して，話の受け止め方や理解の状況を捉えることができるようになるという，具体的な生徒の姿を想定することが可能になります。それが，話す題材の選び方や指導法，評価の仕方に関連してきます。1つの単元には，基本的に〔知識及び技能〕と〔思考力，判断力，表現力等〕の指導事項を位置付けるようにします。例えば，第2学年〔知識及び技能〕(1)カ「敬語の働きについて理解し，話や文章の中で使うこと。」を指導する際に，〔思考力，判断力，表現力等〕「書くこと」エ「読み手の立場に立って，表現の効果などを確かめて，文章を整えること。」の指導と関連付けて指導します。実際の推敲の場面で，尊敬語や謙譲語等の敬語の知識を使いながら表現の細部を見直すことが，効果的な学習になるからです。一方，こうした指導を基本としつつ，必要に応じて特定の事項を取り上げて繰り返し指導したりまとめて単元化して扱ったりすることもできます。敬語に関する知識や技能を集中的に指導して定着を図ろうとする授業がこれに当たります。

第2章

教材・題材と言語活動の設定

1 教材・題材・言語活動の設定

　位置付ける指導事項が定まったならば，それらを指導するのに適した教材や題材を設定します。教材・題材の基本は教科書になるでしょうが，生徒の実態に合わせてアレンジしたり，オリジナルなものを開発したりしていくことも重要です。教科書以外の文章等を教材として使用する際には，学習指導要領の「第３　指導計画の作成と内容の取扱い」の３(2)に，教材を取り上げる観点が示されているので留意しましょう。

　教材・題材の設定と並行して，言語活動を具体化します。言語活動については，本書第１章の５を参照してください。

2 しっかり考えさせるための言語活動

　〔思考力，判断力，表現力等〕の指導事項に関しては，生徒にしっかり考えさせるために言語活動を工夫することが不可欠です。試みに，第１学年〔思考力，判断力，表現力等〕「話すこと・聞くこと」エ「必要に応じて記録したり質問したりしながら話の内容を捉え，共通点や相違点などを踏まえて，自分の考えをまとめること。」の指導を想定してみましょう。この指導事項の前半部「必要に応じて記録したり質問したり」することは，設定する言語活動によってその内容が異なります。例えば，「友達に夏休みに読んでほしい本を紹介する」という言語活動ならば，紹介された本の面白さや入手方法などが記録・質問の中心となります。一方，「職場訪問の経験を報告する」

という言語活動ならば，その職業の特徴や，体験を通じて考えたことなどが記録・質問の中心となるでしょう。他人の話を聞く際に，漫然と記録したり質問したりするのではなく，話を聞くことの目的や必要性を意識させる。それが，しっかり考えることにつながります。さらに，この指導事項の最後の部分「自分の考えをまとめること」についても，言語活動によってその内容が異なります。「本の紹介」ならば，どの本を読んでみたいか，その理由は何か等になるでしょう。「職場訪問の報告」ならば，職業について新たに分かったこと，職業についての意識等が想定できます。これらのポイントを生徒に考えさせることが重要です。そうすることによって，個々の生徒の考えの記述に基づいた学習評価を行うことも可能になっていきます。

3 「読むこと」の言語活動

　現行学習指導要領に基づいた実践の中で，「読むこと」の言語活動の具体化が難しいという声が聞かれています。確かに，「話すこと・聞くこと」「書くこと」に比べると，「読むこと」の授業では言語活動設定の必然性が分かりにくいかもしれません。その背景には，これまでの「読むこと」の授業において，教師の発問に生徒が答えていくスタイルの展開が多かったこと，文章を細部にわたって詳しく理解することが授業の目標となってきたことなどがあるでしょう。こうした授業を否定するものではありませんが，生徒がより主体的に目的意識をもって本や文章を読み，自分の考えをもつことができるようにするためには，言語活動を設定することが重要です。

　具体的には，例えば第2学年の言語活動例イは，「詩歌や小説などを読み，引用して解説したり，考えたことなどを伝え合ったりする活動。」です。定番教材となっている『走れメロス』についても，心に残った場面や表現を引用して紹介したり，「メロスは真の勇者と言えるのか」等について意見を述べ合ったりする言語活動を想定することができ，それらは，生徒の主体性を引き出す可能性をもっています。

第2章

3

学習過程を踏まえた「話すこと・聞くこと」の単元計画

　指導事項，教材・題材，言語活動が定まったならば，単元の授業展開を考えます。その際，それぞれの領域の学習過程を踏まえることが重要です。

　「話すこと・聞くこと」の学習過程と指導事項の対応は，右の表のようになっています。実際の活動に即して「話すこと」「聞くこと」「話し合うこと」の３つに分けて整理しています。順に詳しく見ていきましょう。

	学習過程	(1)指導事項		
		第１学年	第２学年	第３学年
話すこと	話題の設定	ア	ア	ア
	情報の収集			
	内容の検討			
	構成の検討	イ	イ	イ
	考えの形成			
	表現	ウ	ウ	ウ
	共有			
聞くこと	話題の設定	ア（再掲）	ア（再掲）	ア（再掲）
	情報の収集			
	構造と内容の把握	エ	エ	エ
	精査・解釈			
	考えの形成			
	共有			
話し合うこと	話題の設定	ア（再掲）	ア（再掲）	ア（再掲）
	情報の収集			
	内容の検討			
	話合いの進め方の検討	オ	オ	オ
	考えの形成			
	共有			

話題の設定，情報の収集，内容の検討

　目的や場面に応じて話題を決め，話したり聞いたり話し合ったりするための材料を収集・整理し，伝え合う内容を検討することを示しています。スピーチを例に挙げるならば，話す（聞く）目的を理解し，何について話すかを決め，材料を集めて整理しながら内容を検討する段階の学習ということになります。また，話合いの学習でもこの段階を設定することが大切です。

構成の検討，考えの形成（話すこと）

　自分の立場や考えが明確になるように話の構成を考えることを通して，自分の考えを形成することを示しています。スピーチ原稿を書いたり，メモを作成したりしながら，自分の考えを明確にする段階の学習がこれに当たりま

す。

表現，共有（話すこと）

　聞き手に分かりやすく伝わるように表現を工夫することを示しています。実際に声に出して話す段階の学習です。第１学年では「相手の反応を踏まえながら」，第２学年では「資料や機器を用いるなどして」，第３学年では「場の状況に応じて言葉を選ぶなど」と，具体的な工夫の内容が学年ごとに示されています。しっかり考えて表現させることが必要です。

構造と内容の把握，精査・解釈，考えの形成，共有（聞くこと）

　話の展開に注意しながら内容を聞き取り，互いの考えを比較したり，聞き取った内容や表現の仕方を評価したりして，自分の考えを形成することを示しています。聞き手になった際の学習を想定しています。「聞くこと」は，話の内容を正確に理解するだけでは十分ではありません。相手の話をどのような点に特に注意しながら聞き，聞いた上でどのように考えを形成したらよいかが，学年ごとに指導事項に示されています。これらを踏まえて，能動的な聞き方ができるように指導します。

話合いの進め方の検討，考えの形成，共有（話し合うこと）

　話合いを効果的に進め，互いの発言を踏まえて，考えをまとめたり広げたり深めたりすることを示しています。「話合い」の過程では，「話すこと」「聞くこと」に関する資質・能力が一体となって働くので，「話すこと」「聞くこと」の指導事項との関連を図ることが大切です。それに加えて，話合いを効果的に進めること，考えを形成することの学習を位置付けます。話合いを効果的に進めることについては，第１学年では「話題や展開を捉えながら」，第２学年では「互いの立場や考えを尊重しながら」，第３学年では「進行の仕方を工夫したり互いの発言を生かしたりしながら」話し合うことを示しています。また，考えを形成することについては，第１学年では「互いの発言を結び付けて」，第２学年では「結論を導くために」，第３学年では「合意形成に向けて」考えをまとめたり広げたり深めたりすることを示しています。

学習過程を踏まえた「書くこと」の単元計画

「書くこと」の学習過程と指導事項の対応は，右の表のようになっています。順に詳しく見ていきましょう。

題材の設定，情報の収集，内容の検討

	学習過程	(1)指導事項		
		第1学年	第2学年	第3学年
書くこと	題材の設定	ア	ア	ア
	情報の収集			
	内容の検討			
	構成の検討	イ	イ	イ
	考えの形成	ウ	ウ	ウ
	記述			
	推敲	エ	エ	エ
	共有	オ	オ	オ

目的や意図に応じて題材を決め，情報を収集・整理し，伝えたいことを明確にすることを示しています。「話すこと・聞くこと」の「話題の設定，情報の収集，内容の検討」と同様の学習過程で，目的や意図をもって書くことを促すために重要な学習段階です。特に「書くこと」においては，情報の収集」「内容の検討」について，第1学年では「集めた材料を整理し」，第2学年では「多様な方法で集めた材料を整理し」，第3学年では「集めた材料の客観性や信頼性を確認し，伝えたいことを明確にする」と指導の重点を示しています。

構成の検討

文章の構成を検討することを示しています。「書くこと」の学習においては，段落を意識させることが重要です。段落一つ一つが考えのまとまりであり，それらを関係付けて構成することで文章が完成します。これは小学校から学習していることですが，中学校でも引き続き指導していくことが必要です。第1学年では「段落の役割などを意識して」，第2学年では「段落相互の関係などを明確にし」，第3学年では「論理の展開などを考えて」，文章の構成や展開を考えたり工夫したりすると指導の重点を示しています。

考えの形成，記述
　記述の仕方を工夫し，自分の考えが伝わる文章にすることを示しています。この学習過程で常に意識させたいのは「根拠」です。インターネットの発達により，多くの人の目に触れる文章を発信することが極めて容易になりました。そのことの欠点として，根拠があいまいな文章が広まることで様々な問題が生じているということがあります。社会生活に目を向けていく中学生にとって，情報を発信するときは根拠を明確にするという意識と能力を確実に育成していかなくてはなりません。そこで，第１学年では根拠という概念があることを理解した上で「根拠を明確にしながら」，第２学年では，根拠が自分の考えを支える上で適切かどうかを考えながら「説明や具体例を加えたり，表現の効果を考えて描写したりするなど」，第３学年では「表現の仕方を考えたり資料を適切に引用したりするなど」と指導の重点を示しています。

推敲
　読み手の立場に立ち，自分が書いた文章について捉え直し，分かりやすい文章に整えることを示しています。推敲は，単に文章の誤りを直すことだけを指しているのでありません。読み手の立場に立ってより分かりやすい文章にするという意識をもって取り組ませるようにします。特に注意する内容として，第１学年では「表記や語句の用法，叙述の仕方など」，第２学年では「表現の効果など」，第３学年では「目的や意図に応じた表現になっているかなど」を確かめることを示しています。

共有
　読み手からの助言などを踏まえて，自分が書いた文章のよい点や改善点を書き手自身が見いだすことを示しています。書いた文章を互いに読み合う学習は現在も広く行われています。その中で，他の人の文章の特徴に気付いたり他の人からアドバイスを受けたりすることを通じて，自分の文章のよい点や改善点について具体的に認識できるようになることが必要です。そのことを通じて，当該単元全体の学習過程を振り返ることにもなります。

学習過程を踏まえた「読むこと」の単元計画

　「読むこと」の学習過程と指導事項の対応は，右の表のようになっています。順に詳しく見ていきましょう。

構造と内容の把握（説明的な文章，文学的な文章）

　「構造と内容の把握」とは，叙述を基に，文章の構成や展開を捉えたり，内容を理解したりすることです。叙述に基づいて，文章がどのような構造になってい

学習過程	(1)指導事項		
	第1学年	第2学年	第3学年
読むこと 構造と内容の把握（説明的な文章）	ア	ア	ア
構造と内容の把握（文学的な文章）	イ		
精査・解釈（内容）	ウ	イ，ウ	イ
精査・解釈（形式）	エ	エ	ウ
考えの形成，共有	オ	オ	エ

るか，どのような内容が書かれているのかを把握することを示しています。文章の概要を正しく捉える過程と言えるでしょう。第1学年では説明的な文章と文学的な文章に分けて示していますが，第2学年・第3学年では，1つの指導事項に両者を合わせて示しています。

精査・解釈

　「精査・解釈」とは，文章の内容や形式に着目して読み，目的に応じて意味付けたり考えたりすることです。構成や叙述などに基づいて，文章の内容や形式について，精査・解釈することを示しています。必要に応じて，文章を細かく丁寧に読んでいく過程と言えるでしょう。中学生になると，扱われている内容が難しかったり抽象度が高かったりする説明的な文章を読むことが多くなります。また，含意的表現を多く含んだり表現が凝っていたりする文学的な文章を読む機会も増えるでしょう。それらを読むために必要な資質・能力が，精査・解釈の学習過程に示されています。

　精査・解釈の指導事項は，各学年2つずつあります。1つ目の指導事項は，

文章の内容に関する精査・解釈について示し、2つ目の指導事項は、文章の形式についての精査・解釈について示しています。この、「内容」と「形式」の両方に注目させることは、授業づくりに深く関わってきます。例えば説明的な文章を読むときに、「何について書かれているか＝内容」だけでなく、「どのように（分かりやすく、説得力をもって）書かれているか＝形式」についても考えて理解するようにすることが大切です。

考えの形成、共有

「考えの形成」とは、文章の構造と内容を捉え、精査・解釈することを通して理解したことに基づいて、自分の既有の知識や様々な経験と結び付けて考えをまとめたり広げたり深めたりしていくことです。文章を読んで理解したことなどに基づいて、自分の考えを形成することを示しています。文章についてまとまった考えをもつ過程と言えるでしょう。ここでは、読んだことに基づいて何らかのアウトプットをすることが想定されます。どのようなアウトプットをさせるかは、言語活動例にヒントがあります。例えば、「報告したり文章にまとめたりする」「記録したり伝え合ったりする」「説明したり提案したりする」などです。

このようなアウトプットは、当然ながら他者との考えの共有を伴います。小学校では、「共有」の学習過程に個別の指導事項を設けていますが、中学校においては「考えの形成、共有」を一体的に1つの指導事項で示しています。ですから、ただアウトプットの機会を設けるだけでなく、その中で自分の考えを他者の考えと比較して共通点や相違点を明らかにしたり、一人一人の捉え方の違いやその理由などについて考えたりすることが重要です。

なお、「話すこと・聞くこと」「書くこと」も同様ですが、学習過程は指導の順序性を固定化するものではありません。例えば、一単位時間の中で「精査・解釈」と「考えの形成、共有」の両方を行い、それを場面ごとに繰り返していくような進め方も考えられるでしょう。また、全ての学習過程について評価しなくてはならないわけではないことにも留意しましょう。

第2章

6 毎時間の指導と評価の計画

1 導入―展開―まとめ

　ここまで，指導事項の決定，教材・題材と言語活動の設定，学習過程を踏まえた単元の計画づくりを行ってきました。いよいよ，毎時間の指導と評価の計画を考えます。
　一時間の指導の流れは，「導入―展開―まとめ」で構想することが一般的です。導入では，単元の見通し，前時の学習の振り返り，本時の目標や課題の明示，本時の見通しをもつことなどを，簡潔にテンポよく行います。ただし，単元の最初の時間の場合は，この単元で身に付けてほしい資質・能力と，それらを身に付けるための言語活動について理解を促し，学習の見通しをもたせて意欲を喚起するようにします。展開では，主となる発問や学習課題を示していきます。一問一答を単調に繰り返すのではなく，単元に位置付けたひとまとまりの言語活動の遂行に向けて，発問や学習課題を立体的に組み合わせるようなイメージをもちましょう。展開の中で，ペアやグループでの学習を効果的に取り入れるようにします。その際，個人学習の時間を保証し，それぞれの生徒が自分の考えをもってから小集団に移行することが必要です。そうでないと，他の人の考えに頼る生徒が生まれてしまい，学習形態を変えることが逆効果になってしまいます。また，生徒同士の学び合いを促すだけでなく，教師と生徒が対話することも重要です。「切り返し」「揺さぶり」というようなことをよく言いますが，教師が生徒の発言に敢えて疑問を呈したり，追加の説明を求めたり，意味付けや評価を行ったりすることは，学習を深めるきっかけとなります。まとめでは，本時の学習を振り返ります。その

際，板書を見返すようにします。どのような学習をしたかが分かるように，構造的な板書を工夫します。振り返りの記述をさせる際には，積極的に取り組めたか取り組めなかったかという情意的な面だけでなく，「何が分かったか」「何ができるようになったか」「どう考えたか」という，知識及び技能，思考力，判断力，表現力等に関わることを振り返らせることが重要です。導入と同様，まとめの振り返りも時間をかけ過ぎないようにしましょう。ただし，単元末においては，学習過程を振り返ってメタ認知できるような振り返りが必要です。

2 評価内容の絞り込み

一時間の授業の中で，あれもこれも評価することはできません。設定する評価規準については，多くても2つ，通常は1つに絞り込んでよいと思います。その上で，設定した内容については確実に評価し，指導に反映させていかなくてはなりません。評価を行う上では，次の4つを明確にしておきます。

①評価規準　　②評価時期　　③評価方法　　④指導の手だて

①評価規準は，その時間の中で，目標が実現できた姿を言葉で示したものです。目標に準拠した評価を進める上では，欠くことのできないものです。②評価時期は，①の評価規準に即して，一時間の授業の中のどの段階で評価するかを決めることです。指導の結果を評価するわけですから，通常は「展開」の後半に位置付けられることが多いでしょう。③評価方法は，何を使って評価するかを決めることです。学習指導案には「観察」「発言」「ノート」などと記されることが一般的ですが，実際には「ノートのこの部分の記述」というように，より具体的に定めておきます。④指導の手だては，目標を実現できていない生徒がいた場合，どのような指導・支援を行うのかを決めておくことです。一時間の中で「"評価"即"指導"」が可能になります。

「共有」の資質・能力を身に付ける グループ学習

1 「共有」の資質・能力とは

　新学習指導要領では，〔思考力，判断力，表現力等〕の各領域に，「共有」の指導事項が示されました。「共有」とは，形成した自分の考えを表現し，互いの考えを認め合ったり，比較して違いに気付いたりすることを通して，自分の考えを広げたり深めたりしていくことです。このような資質・能力を育成するためには，グループ学習が効果的です。既に，「主体的・対話的で深い学び」が注目される中で，グループ学習を取り入れる授業が一層増えています。教師主導の一斉学習に偏した授業を改善する上では望ましい状況ですが，単に学習形態に変化を加えたということだけでは十分ではありません。共有の資質・能力が身に付くように工夫することが大切です。

2 グループ活動を進める上での留意点

多様な考えを引き出せる課題を示す

　グループで取り組む課題を，生徒に切実感をもたせ，多様な考えを引き出すようなものにすることが重要です。例えば「話すこと・聞くこと」の学習で，「修学旅行について報告する」という課題を示したのでは，漠然とし過ぎて何をどう話し合ったらよいか分かりません。これを，「保護者会の場で，修学旅行についてテーマを決めて報告する」というように具体化します。すると，「テーマは」「伝える内容は」「見せる資料は」「話の構成は」「役割分担は」と，解決すべき内容が明確になっていきます。相手や目的を具体化す

るとともに実生活との関連を図ることで，切実感をもって話し合うことになります。

全体の共通学習の後にグループにする

　学習の方法や，学習に必要な知識・技能の指導が行われないままグループ学習に入ることのないよう，授業の構成を工夫することが重要です。学習の進め方の具体例を示す，共通の教材・題材を使って必要な知識・技能を身に付ける，このような段階を一斉学習で踏んでから，個別の課題についてグループ学習を進めるという展開が考えられます。例えば「文学的な文章から優れた叙述を探して自分の考えをもつ」という学習をする際，1つの場面を取り上げて学級全体で学習の進め方を理解した後，他の場面についてグループで学習を進めていくようにします。

意図的なグループ編成

　他者と考えを比べる場面を設定するためには，意図的なグループ編成が求められます。例えば，「『走れメロス』の魅力を考える」という学習を行う場合，個々に見いだした魅力を交流する場面で，「同じ部分に魅力を感じた人」でグループを作るのか，「異なった部分に魅力を感じた人」でグループを作るのか（あるいは両方行うのか）によって，他者から学ぶことは変わってきます。また，「走れメロス」について，ストーリーや情景描写等の観点を分担して，グループごとに魅力を追求する方法もあります。その後，それぞれのグループからメンバーが集まり新たなグループを作って交流するという展開は，グループ学習の形態を生かした進め方として多くの実践があります。

考えの変化を記録する

　グループ活動においては，個々の生徒の考えが広がったり深まったりしたのかが捉えにくいという欠点があります。これを補うのが，ノートやワークシートの工夫です。他の人の考えとの共通点や相違点をメモする，分かったことや考えたことをグループ学習の前後で分けて記述する，影響を受けた人の名前をメモで加えたりするなどの工夫が効果的です。グループ活動を行っている際の教師の指導が重要になります。

評価,テストの改善・工夫

1 パフォーマンス評価とルーブリック

　第1章の「10 学習評価の観点」で述べたように,新学習指導要領が全面実施になった際には,国語科の学習評価についても,「知識・技能」「思考・判断・表現」「主体的に学習に取り組む態度」の3観点で行われることになると思われます。特に,「思考・判断・表現」をどのように評価していくかについては,移行期間中から研究・実践の充実が望まれます。

　「思考・判断・表現」の評価については,大きく2つの問題点があります。1つは,実際に思考・判断している頭の中の様子は外から見ることができないということです。もう1つは,多数の生徒について「思考・判断・表現」を評価することに手間がかかり,評価にも「ぶれ」が出てしまうのではないかということです。

　これらを解決するために,「パフォーマンス評価」が注目されています。『答申』の中では,次のように述べられています。

> 　資質・能力のバランスのとれた学習評価を行っていくためには,指導と評価の一体化を図る中で,論述やレポートの作成,発表,グループでの話合い,作品の制作等といった多様な活動に取り組ませるパフォーマンス評価などを取り入れ,ペーパーテストの結果にとどまらない,多面的・多角的な評価を行っていくことが必要である。

　つまり,実際に思考・判断・表現させる多様な活動を設定し,その様子を

評価材料にして評価するという考え方です。
　このパフォーマンス評価を行う際に，評価の指標になるのが「ルーブリック」と言われるものです。ルーブリックについては，『答申』の補足資料の中で，

> 　成功の度合いを示す数レベル程度の尺度と，それぞれのレベルに対応するパフォーマンスの特徴を示した記述語（評価規準）からなる評価基準表。

と説明されています。参考に，プレゼンテーションに関するルーブリックの項目例を見てみましょう。

模範的	有能	発展途上
発表がどう構成されているかが，パワーポイント，OHP，配布資料等を適切に使用することによって強調され，聴衆に明確に伝えられた。	発表者はパワーポイント，OHP，配布資料等を使用したが，文字数が多すぎたり，曖昧であったりしたため，聴衆にとっては，発表の構成がわかりにくかった。	パワーポイント，OHP，配布資料等は使用されなかった。または聴衆が発表の構成を理解する助けにはほとんどなっていなかった。

（『大学教員のためのルーブリック評価入門』ダネル・スティーブンス，アントニア・レビ著，玉川大学出版部　より）

2 言語活動と評価規準

　この「パフォーマンス評価」と「ルーブリック」の関係は，言語活動と評価規準の関係と重ねて捉えることができるでしょう。
　「言語活動例」に示されたひとまとまりの言語活動は，知識及び技能を用

いて思考・判断・表現することが前提となっています。例えば,「情報を編集して文章にまとめるなど,伝えたいことを整理して書く活動。」(第3学年「書くこと」言語活動例イ)の中で,資料を適切に引用する資質・能力(同指導事項ウ)が身に付いているかどうかを評価することが可能です。これは,正にパフォーマンス評価と言えるでしょう。

　また,上の評価を行う際に評価規準を設定します。例えば,「自分の考えが分かりやすく伝わる文章になるように,資料を適切に引用している。」という内容が考えられます。この場合,「分かりやすく伝わる〜ように」と「適切に」という部分が「思考・判断・表現」のキーワードになるともに,「おおむね満足できる」レベルを表す語句にもなるでしょう。つまり,ルーブリックを作成することと同じ考え方であると言えます。

　このように,これまでの学習評価の実践を継承しながら,より効率的で質の高い評価が行えるように研究を進めることが大切です。

9

書写の授業づくりのポイント

1 国語科の内容としての書写の指導

　小学校，中学校における「書写」の指導と，高等学校における「書道」の指導は異なります。「書道」は教科「芸術」の中の科目の1つですが，「書写」は国語科の指導内容の一部です。ですから，「書写」の指導は，美しい文字を書くことが目的ではありません。では，どんなことがねらいとなるのでしょうか。中学校学習指導要領国語の「第3章　指導計画の作成と内容の取扱い」の中では，書写について次のような配慮事項が示されています。

> (ア)　文字を正しく整えて速く書くことができるようにするとともに，書写の能力を学習や生活に役立てる態度を育てるよう配慮すること。

　この中の，「正しく整えて速く」の部分を「正整速（せいせいそく）」と略して，中学校の書写の指導のねらいを表した言葉として意識しておきましょう。文字を正しく書くこと，読みやすく書くことは，読み手に誤りなく伝えるために必要なことです。また，目的や場面に応じて速く書くことは，社会生活において重要です。このような資質・能力を計画的に育成するようにします。一方，書写の内容が，〔知識及び技能〕の「我が国の言語文化に関する事項」に位置付けられていることについても留意しなければなりません。例えば，第3学年の指導事項に「文字文化」という言葉が出てきます。

> (ア)　身の回りの多様な表現を通して文字文化の豊かさに触れ，効果的に

> 文字を書くこと。

『解説』では，文字文化について次のように説明しています。

> 　文字文化とは，上代から近現代まで継承され，現代において実社会・実生活の中で使われている文字の文化であり，我が国の伝統や文化の中で育まれてきたものである。文字文化には，文字の成り立ちや歴史的背景といった文字そのものの文化と，社会や文化における文字の役割や意義，表現と効果，用具・用材と書き方との関係といった文字を書くことについての文化の両面がある。

　文字を正しく整えて速く書くとともに，ここに示された「文字そのものの文化」と「文字を書くことについての文化」の両面についての理解を図ることが必要です。

2 授業を構想するに当たって

　書写の指導については，他の〔知識及び技能〕の内容と同様，〔思考力，判断力，表現力等〕の指導を通して指導することを基本とし，必要に応じて，特定の事項だけを取り上げて指導したり，それらをまとめて指導したりします。その上で，次の点に注意するようにします。
○書写の能力を学習や生活に役立てる態度を育てるよう配慮すること。
　国語科や他教科等の授業，また日常生活において，書写の学習で身に付けたことを積極的に役立てるように指導することが重要です。
○書写の指導に配当する授業時数は，第１学年及び第２学年では年間20単位時間程度，第３学年では年間10単位時間程度とすること。
　書写の資質・能力を育成することを中心とした指導については，上記のように指導時数の目安が示されています。年間指導計画の中に，明確に位置付

けなくてはなりません。
○硬筆を使用する書写の指導は各学年で行うこと。毛筆を使用する書写の指導は各学年で行い，硬筆による書写の能力の基礎を養うよう指導すること。

　指導に当たっては，各学年で硬筆・毛筆の両方を必ず扱うようにします。その際，毛筆を使用することが，硬筆による書写の能力の基礎を養うことになるよう，関連を図るようにします。

第2章

10

読書活動のポイント

1 「読書」の扱い方の変化

　読書活動は，「子どもが，言葉を学び，感性を磨き，表現力を高め，創造力を豊かなものにし，人生をより深く生きる力を身に付けていく上で欠くことのできないもの」(「子どもの読書活動の推進に関する法律」第2条)であり，社会全体でその推進を図っていくことが求められています。様々な取組の成果で読書活動は改善の傾向にありますが，小学生から中学生，高校生と学校段階が進むにつれて，子供たちが読書をしなくなる傾向にある点は依然として課題となっています。

　平成20年版学習指導要領では，国語科の「読むこと」の領域の中に，「読書と情報活用」に関する指導事項を設定し，国語科における読書指導の内容を明確にしました。これを受けて，新学習指導要領では〔知識及び技能〕に「読書」に関する指導事項を位置付けるとともに，〔思考力，判断力，表現力等〕「読むこと」の領域では，学校図書館などを利用して様々な本などから情報を得て活用する言語活動例を示しています。

2 「読書」に関する指導事項

　〔知識及び技能〕に読書に関する指導事項が位置付けられたことで，「話すこと・聞くこと」や「書くこと」の領域の学習においても，読書を位置付けやすくなります。各学年の読書に関する指導事項は次ページのとおりです。

　例えば，第2学年〔思考力，判断力，表現力等〕「書くこと」と，読書に

関する指導事項との関連を図った授業づくりについて考えてみましょう。

第１学年	第２学年	第３学年
オ　読書が，知識や情報を得たり，自分の考えを広げたりすることに役立つことを理解すること。	エ　本や文章などには，様々な立場や考え方が書かれていることを知り，自分の考えを広げたり深めたりする読書に生かすこと。	オ　自分の生き方や社会との関わり方を支える読書の意義と効用について理解すること。

　重点的に取り上げる指導事項を「イ　伝えたいことが分かりやすく伝わるように，段落相互の関係などを明確にし，文章の構成や展開を工夫すること。」及び「ウ　根拠の適切さを考えて説明や具体例を加えたり，表現の効果を考えて描写したりするなど，自分の考えが伝わる文章になるように工夫すること。」と決めます。加えて，〔知識及び技能〕の中から，読書に関する指導事項「エ　本や文章などには，様々な立場や考え方が書かれていることを知り，自分の考えを広げたり深めたりする読書に生かすこと。」を位置付けます。これらを指導するための言語活動として，言語活動例「ア　多様な考えができる事柄について意見を述べるなど，自分の考えを書く活動。」を参考に，「『若者言葉』を使うことについて自分の意見を述べる文章を書く。」と設定します。

　学習を進めるに当たっては，学校図書館を使ったり，インターネットを使って情報収集したりする活動が組み込まれるでしょう。その中で生徒は，「若者言葉」の使用について問題視する意見や賛成する意見，積極的に推進する意見や条件付きで許容する意見など，様々な立場や考え方があることを知ります。それらを基に自分の考えを形成し，分かりやすい構成や表現を工夫して記述していきます。その過程で，「本や文章などには，様々な立場や考え方が書かれていること」を認識させるようにします。それが，読書に関する指導事項に基づいた指導です。１つの本や文章を読むことから，似た考えの本や文章の読書につなげて考えを深めたり，あえて異なる考えの本や文章の読書につなげて考えを広げたりする。こうした知識及び技能を意図的に育成します。

第3章

単元構想表で見る「話すこと・聞くこと」の言語活動

CHAPTER
3

第3章

1　第1学年　ア

小学校の思い出を紹介する
―思い出の写真―

1 本単元の指導事項

〔知識及び技能〕
・(1)ア（話し言葉と書き言葉）

〔思考力，判断力，表現力等〕
・イ（構成の検討，考えの形成）
・エ（構造と内容の把握，精査・解釈，考えの形成，共有）

2 教材・題材と言語活動の設定

本単元に対応した言語活動例とその「解説」

> ア　紹介や報告など伝えたいことを話したり，それらを聞いて質問したり意見などを述べたりする活動。

> 　紹介とは，聞き手が知らないことや知りたいと思っていることを伝えることであり，報告とは，様々な事実や出来事を伝えることである。
> 　また，聞き手が話の内容を理解したり自分の考えをまとめたりするために質問をすることや，意見を述べることなど，聞き手の活動についても例示している。

本単元の言語活動

> 小学校の思い出を紹介する―思い出の写真―

　授業の時期としては，入学して間もない４月を想定しています。多くの生徒が，中学校に入学して，別の小学校を卒業した人との出会いを経験します。互いを知り合うこの時期に小学校のときの思い出を紹介し合うことは，集団づくりとしても意味のある活動になります。

　授業づくりの工夫は２点です。１つは，他の小学校から来た人がよく知らない母校の思い出を題材に選ぶようにすることです。指導事項にあるように，この学習のポイントの１つは聞き手が質問することにあります。聞き手にとって未知の内容について紹介することで，質問する必然性が生まれます。もう１つは，内容に関係する写真を示すようにすることです。写真の映像が話への興味を深め理解を助けます。写真は私有のものでもよいですし，卒業アルバム等の写真をデジタルカメラで撮影し直したものでもよいでしょう。

3　単元の計画と「単元構想表」

第❶時

　まず，単元の目標と，これから取り組む活動について理解し，学習の見通しをもちます。

　次に，自身が卒業した小学校の思い出の中から，他の小学校の卒業生に紹介したい内容を選びます。特徴的な学校行事，自慢できる校内の施設や場所，特技をもった先生や児童，学校の歴史や有名な卒業生など，できるだけ多様な材料を取り上げられるよう指導しましょう。ユニークな内容になるのは構いませんが，人権への配慮を忘れないようにします。

第❷❸時

「構成の検討，考えの形成」の学習過程になります。紹介する内容に関連した，1枚または複数の写真を準備します。これを使ってスピーチの構成を考え，スピーチ原稿を書きます。生徒は，小学校でスピーチの学習を繰り返し行ってきています。その学習経験を想起させることが重要です。

原稿を書きながら，特にどのような点を紹介したいのか，自分の考えを明確にさせるようにします。また，話し言葉と書き言葉の違いについて指導し，それが実際のスピーチの中で発揮できるように促します。

第❹❺時

学級全体の前で，実際にスピーチをします。話し手の側については，〔知識及び技能〕(1)ア「音声の働きや仕組みについて，理解を深めること。」を指導し，それを中心に評価します。聞き手の側については，指導事項エに基づいて評価します。『解説』の次の記述を参考にしましょう。

> 話し手に質問する際には，その場の状況に応じて話の途中で質問したり，話が終わった時点で質問したりするなど，質問の適切な機会を捉えるとともに，話し手が伝えたいことを確かめたり，足りない情報を聞き出したりするなど，知りたい情報に合わせて効果的に質問することが重要である。

ここで押さえておきたいのは，「質問」は，疑問に思った点を尋ねるだけではないということです。話し手が伝えたいことを確かめたり，足りない情報を聞き出したりすることも大事な質問です。授業の中では，全員が必ず1回は質問することを促したり，ワークシートに質問内容を必ず記述するようにするなど，質問の資質・能力を確実に育成し把握できるようにします。

授業後は，紹介された内容の写真とそれについてスピーチした生徒の写真をセットにして，しばらくの間，教室や廊下に掲示してみてはどうでしょう。

単元構想表（第１学年　ア）

言語活動	〔思考力，判断力，表現力等〕の指導事項	具体的な学習活動	時
小学校の思い出を紹介する―思い出の写真―	単元の目標と活動について理解し，学習の見通しをもつ。		
	ア　目的や場面に応じて，日常生活の中から話題を決め，集めた材料を整理し，伝え合う内容を検討すること。	卒業した小学校の思い出について，他校から来た人に紹介したい内容を選ぶ。	1
	イ　自分の考えや根拠が明確になるように，話の中心的な部分と付加的な部分，事実と意見との関係などに注意して，話の構成を考えること。	１枚または複数の写真を使って，スピーチ原稿を考える。特に，どのような点を紹介したいのかを明確にする。	2 3
	ウ　相手の反応を踏まえながら，自分の考えが分かりやすく伝わるように表現を工夫すること。	話し言葉と書き言葉の違いを意識し，聞き手に分かりやすく伝わるように話す。	4 5
	エ　必要に応じて記録したり質問したりしながら話の内容を捉え，共通点や相違点などを踏まえて，自分の考えをまとめること。	質問をすることによって話の内容を正確に捉え，話し手についても理解を深める。	4 5
	〔知識及び技能〕の指導事項	具体的な学習活動	時
	(1)ア　音声の働きや仕組みについて，理解を深めること。	アクセント，イントネーション，プロミネンスなど，音声についての知識・技能を生かして話す。	4 5
	学習過程に即してどのような資質・能力が身に付いたか振り返る。		

第3章

2　第1学年　イ

「合唱コンクール」のスローガンについて話し合う

1　本単元の指導事項

〔知識及び技能〕
・(1)オ（表現の技法）

〔思考力，判断力，表現力等〕
・エ（構造と内容の把握，精査・解釈，考えの形成，共有）
・オ（話合いの進め方の検討，考えの形成，共有）

2　教材・題材と言語活動の設定

本単元に対応した言語活動例とその「解説」

> イ　互いの考えを伝えるなどして，少人数で話し合う活動。

　少人数で話し合う活動の形態としては，対話やグループでの協議など，多様な形態が考えられる。生徒同士の話合いのほか，指導のねらいに応じて，教師と生徒との対話も考えられる。
　少人数での話合いは，多人数の場合に比べて，一人一人の参加者が発言する機会が多くなるとともに，話し手と聞き手との距離が近く，聞き手の反応を捉えながら話しやすいという特徴をもつ。また，話合いの目的や進め方などを共有しやすいなどの利点がある。

> 入学後の環境の変化や新しい人間関係の中で、話合いを円滑に進めるために、少人数で話し合うことの特徴や利点を生かすことが大切である。

本単元の言語活動

> 「合唱コンクール」のスローガンについて話し合う

　言うまでもなく、学校行事は特別活動の中の重要な内容であり、取組に向けたスローガン決めにも、特別活動としてのねらいがあります。国語の授業でスローガンを決める話合いを行う場合は、学年（または学校）のカリキュラムの中での整合性を図り、国語科の資質・能力を身に付けることを目的とすることが必要です。

　上記の『解説』の文言にあるように、本単元では少人数の話合いの長所を生かし、グループ内の生徒一人一人が話合いの進め方を理解し、それに即して自分の考えを積極的に述べられるようにします。話合いの進め方としては、多くの発言によって考えを広げていく段階（拡散的な話合い）と、出された発言の内容を整理しながら考えをまとめる段階（収束的な話合い）があることを確認し、それぞれの段階に適した発言や進行をするようにします。

3　単元の計画と「単元構想表」

第❶時

　まず、単元の目標と、これから取り組む活動について理解し、学習の見通しをもちます。「合唱コンクール」のビデオを見せたり行事のねらいを説明したりするなど、導入の工夫をします。

　次に、「合唱コンクール」のスローガンを決めるための話合いの進め方を考えます。その際、小学校での話合いの学習について振り返ります。どんな内容について話し合ったか、話合いをして楽しかったことは何か、気を付け

たことは何かなど，具体的に想起させることが大切です。これらを出し合いながら，スローガンを決めるためには，拡散的な話合いをした後に収束的な話合いをするという進め方が適していることを確認します。

第❷❸時

　グループで話合いを行います。司会者を決め，話合いの進め方を確認します。前半は様々なアイデアを出し合う段階です。個人のアイデアを練る時間を設定することが重要です。その上で，他の人の考えを否定せず，互いに参考にし合いながらアイデアを広げていくようにします。記録の役割を設定し，ホワイトボードに内容を書き出していくような工夫もあります。最初から全てのグループの話合いの進め方を統一するのではなく，グループごとに工夫したことを教師が適宜取り上げて全体に示していくようにします。

　後半は，グループの考えを1つにまとめていく段階です。指導事項エに即して，アイデアの共通点や相違点に着目した発言をするように指導します。話合いが一区切りしたところで，自分の発言について意図と内容を記述させ，それを参考に評価します。

第❹時

　話合いの最終段階です。「話すこと・聞くこと」の指導事項オと，〔知識及び技能〕の指導事項(1)オについて重点的に指導します。考えをまとめるためには，自分の発言と他者の発言とを結び付けたり，他者同士の発言を結び付けたりすることが必要です。教師は机間指導を通してよい発言に注視し，それを全体に広げていくようにします。

　また，「表現の技法に関する事項」の学習と関連付けて，スローガンの中に比喩，反復，倒置，体言止め等を必要に応じて取り入れるよう促します。最終的にグループで決めたスローガンを発表しますが，その際，どんなアイデアが出てどのような話合いを経て結論に至ったかを，簡潔に述べさせるようにします。

単元構想表（第1学年　イ）

言語活動	〔思考力，判断力，表現力等〕の指導事項	具体的な学習活動	時
「合唱コンクール」のスローガンについて話し合う	単元の目標と活動について理解し，学習の見通しをもつ。		
	ア　目的や場面に応じて，日常生活の中から話題を決め，集めた材料を整理し，伝え合う内容を検討すること。	小学校での話合いの経験を想起して，スローガンを決めるための話合いの進め方を考える。	1
	ウ　相手の反応を踏まえながら，自分の考えが分かりやすく伝わるように表現を工夫すること。	聞き手に分かりやすい表現に留意して，意見を述べたり，話合いの進行をしたりする。	2
	エ　必要に応じて記録したり質問したりしながら話の内容を捉え，共通点や相違点などを踏まえて，自分の考えをまとめること。	それぞれの考えの共通点や相違点などを踏まえて，スローガンを1つにまとめるために発言する。	2
	オ　話題や展開を捉えながら話し合い，互いの発言を結び付けて考えをまとめること。	互いの発言を結び付け，表現の技法についての知識を生かして，グループとしてスローガンを決めて発表する。	3 4
	〔知識及び技能〕の指導事項	具体的な学習活動	時
	(1)オ　比喩，反復，倒置，体言止めなどの表現の技法を理解し使うこと。	スローガンを考える際に，表現の技法についての知識を生かし，必要に応じて意図的に取り入れる。	4
	学習過程に即してどのような資質・能力が身に付いたか振り返る。		

3 第2学年 イ

「中学生と部活動」のテーマで討論する

1 本単元の指導事項

〔知識及び技能〕
- (3)エ（読書）

〔思考力，判断力，表現力等〕
- イ（構成の検討，考えの形成）
- オ（話合いの進め方の検討，考えの形成，共有）

2 教材・題材と言語活動の設定

本単元に対応した言語活動例とその「解説」

> イ　それぞれの立場から考えを伝えるなどして，議論や討論をする活動。

　議論とは，それぞれの立場から考えを述べ合いながらも，一定の結論を導くために論じ合うことである。また，討論とは，それぞれの立場からの考えを述べ，互いの考えの違いなどを基にして論じ合うことである。
　いずれの場合も，自分とは異なる物事の捉え方や考え方があることを前提として話し合うことを求めている。

本単元の言語活動

> 「中学生と部活動」のテーマで討論する

　現在，中学校の部活動については様々な議論が行われています。特に運動部活動については，その意義を十分認めつつも，加熱した活動の在り方を見直すべきであるという意見も多く出されています。この問題について，中学生は正に当事者であり，社会的な話題の１つとして関心も高いと考えられます。また，この問題に関しては様々な立場が想定できます。「部活動にもっと打ち込みたい」「部活動は大事だが他のことにも興味がある」「部活動にあまり興味がない」などです。生徒がそれぞれの立場で自分の意見を述べ，討論することで考えを広げたり深めたりするというのが活動の骨子です。

　指導に当たっては，本章の２の事例と同様，特別活動との関連性を図り，国語科として育成する資質・能力を明確にするようにします。また，部活動について様々な意見が出ることは大事にしますが，公的な施策や決まりを尊重することの必要性は強調するようにします。

3　単元の計画と「単元構想表」

第❶❷時

　まず，単元の目標と，これから取り組む活動について理解し，学習の見通しをもちます。

　次に部活動についてどのようなことが問題になっているかを理解します。国の会議の内容を報道した新聞記事などを資料とするとよいかもしれません。その後，自分の立場を大まかに明らかにした上で資料を集めます。本単元では，〔知識及び技能〕(3)エの「読書に関する事項」を位置付けました。部活動，スポーツ，健康などに関連する多様な本や資料を準備したいものです。その上で，自分とは異なる立場の意見やその関連資料も調べるよう促します。

また，情報を収集する中で考えが変わってもよいことを伝えておくことも大切です。

第3時

同じ立場の人でグループを作り，互いに根拠と意見を述べ合って参考にします。指導事項にあるように，「根拠の適切さ」や「論理の展開」に注意して，自分の考えに説得力をもたせるようにします。その際，『解説』の次の記述を参考にしましょう。

> 根拠の適切さに注意するとは，話の中で用いようとしている根拠が，自分の立場や考えを支えるものとしてふさわしいかどうかを考えることであり，その整合性を吟味することが重要である。

収集した情報を全て等価で使うのではなく，適切さの度合いで順序を付けたり，根拠として曖昧なものを削ったりすることが重要です。

第4時

異なる立場の人同士でグループを作り，討論します。様々な意見を言える雰囲気づくりが大切になります。本時の振り返りでは，特に説得力のあった人の名前を挙げ，根拠の適切さ，論理の展開などについて記述することを求めます。その上で，それぞれの立場の代表者を決め，次時の学級全体での討論につなげます。

第5時

代表者が，互いの立場を尊重しながら討論します。「中学生と部活動」について，これから考えていかなくてはならないことが明確になれば，討論の終了としてよいでしょう。その過程で，適切な発言をしたり，そのような発言を捉えたりすることが学習のねらいとなります。

単元構想表（第２学年　イ）

言語活動	〔思考力，判断力，表現力等〕の指導事項	具体的な学習活動	時
「中学生と部活動」というテーマで討論する	単元の目標と活動について理解し，学習の見通しをもつ。		
	ア　目的や場面に応じて，社会生活の中から話題を決め，異なる立場や考えを想定しながら集めた材料を整理し，伝え合う内容を検討すること。	部活動の問題についてポイントを理解し，資料を集めながら自分の考えを明確にする。	1 2
	イ　自分の立場や考えが明確になるように，根拠の適切さや論理の展開などに注意して，話の構成を工夫すること。	同じ立場の人でグループを作り，互いに根拠と意見を述べ合って，参考にする。	3
	エ　論理の展開などに注意して聞き，話し手の考えと比較しながら，自分の考えをまとめること。	異なる立場の人同士でグループを作って討論する。	4
	オ　互いの立場や考えを尊重しながら話し合い，結論を導くために考えをまとめること。	それぞれの立場の代表者が，学級全体の前で討論する。他の生徒は，話合いの様子を観察する。	5
	〔知識及び技能〕の指導事項	具体的な学習活動	時
	(3)エ　本や文章などには，様々な立場や考え方が書かれていることを知り，自分の考えを広げたり深めたりする読書に生かすこと。	様々な立場から述べられている文章や資料を，学校図書館やインターネットを活用して探して読む。	1 2
	学習過程に即してどのような資質・能力が身に付いたか振り返る。		

4 第3学年 ア

小学校6年生に楽しい中学校生活を提案する

1 本単元の指導事項

〔知識及び技能〕
- (2)ア（情報と情報との関係）

〔思考力，判断力，表現力等〕
- ウ（表現，共有）
- エ（構造と内容の把握，精査・解釈，考えの形成，共有）

2 教材・題材と言語活動の設定

本単元に対応した言語活動例とその「解説」

> ア 提案や主張など自分の考えを話したり，それらを聞いて質問したり評価などを述べたりする活動。

第3学年では，これまでの学習を生かし，不特定多数の多様な考えをもつ相手に対しても，自分の考えを明確にして話したり，相手の考えを聞いて理解したりすることができるように，提案や主張を例示している。

主張とは，信頼性の高い情報を根拠として自分の考えを伝えることである。

また，提案や主張などを聞いて，聞き手が疑問に思った点を質問した

> り，話し手の表現の工夫について評価したりする活動を例示している。

本単元の言語活動

| 小学校6年生に楽しい中学校生活を提案する |

　小・中連携教育の一環として，学区の小学校6年生が中学校を訪問し，施設を見学したり授業や部活動を体験したりする催しが増えています。このような機会を捉え，中学校3年生が，楽しい中学校生活の提案を小学校6年生に話すという活動を考えました。実際に話をする時間は特別活動として設けますが，その準備として全員が提案を考え，話を聞き合って代表者を選ぶまでを国語科の学習として位置付けました。

3 単元の計画と「単元構想表」

第❶時

　まず，単元の目標と，これから取り組む活動について理解し，学習の見通しをもちます。

　次に早速，小学校6年生に提案したい中学校生活について考えます。「部活動に打ち込む」「日々の学習を大切にする」などが思いつくでしょう。しかし，指導事項を踏まえ，1つアイデアが出たらそれで満足するのではなく，多様な6年生，多様な楽しみ方があることを踏まえて材料を集めます。

　集めた材料を整理する段階で，〔知識及び技能〕の「具体と抽象」に関する知識を想起させるようにします。例えば，「日々の学習を大切にしましょう」では抽象度が高すぎます。教師が，「具体的な提案をしよう」と助言することにより，例えば「授業に集中し，1教科10分の復習を心がけよう」と内容が充実するかもしれません。このような状況から，「知識・技能」を評価します。

第2時

「構成の検討，考えの形成」の学習過程です。集めた材料の中から必要なものを選んで構成を考え，その過程で，自分が最も伝えたいことは何なのかを明らかにします。中学校生活について網羅的に話すよりも，重点を絞ることによって具体性が増し，話に力強さが加わります。指導事項にある「論理の展開」よりも，実際の体験などを交える方が説得力が増すかもしれません。

第3時

本単元の，〔思考力，判断力，表現力等〕に関する重点的な指導と評価を行います。指導事項ウについて，『解説』では次のように説明しています。

> 場の状況に応じて言葉を選ぶとは，話をしている場の状況に応じた言葉遣いをしたり，聞き手に自分の考えが伝わっていないと感じられた時には，分かりやすい語句に言い換えたり内容を補足したりすることである。

中学校生活についてよく知らない6年生が相手であることを踏まえて，言葉を選ぶことが必要です。また，不安を取り除くような表情，親しみを感じさせる語り掛け，分かりやすい図や写真等の提示など，既習の様々な工夫を活用させるようにし，その状況から「思考・判断・表現」の評価をします。

第4時

本時も，〔思考力，判断力，表現力等〕に関して重点的な指導と評価を行います。本時に育成を図るのは，「聞くこと」の資質・能力です。ここでは，グループの代表者を決める過程で他の人の話を評価します。その際，「聞き取った内容」を評価することと，「表現の仕方」を評価することの両方が大切です。『評価シート』を工夫したり，評価のコメントを付箋で色分けしたりするなどして思考の可視化を図り，「思考・判断・表現」の評価をします。

単元構想表で見る「話すこと・聞くこと」の言語活動

単元構想表（第3学年　ア）

言語活動	〔思考力，判断力，表現力等〕の指導事項	具体的な学習活動	時
小学校6年生に楽しい中学校生活を提案する	単元の目標と活動について理解し，学習の見通しをもつ。		
	ア　目的や場面に応じて，社会生活の中から話題を決め，多様な考えを想定しながら材料を整理し，伝え合う内容を検討すること。	小学校6年生に提案したい中学校生活について，材料（情報）を集めて整理する。	1
	イ　自分の立場や考えを明確にし，相手を説得できるように論理の展開などを考えて，話の構成を工夫すること。	話の構成を検討しながら，自分が最も伝えたいことは何なのかを明らかにする。	2
	ウ　場の状況に応じて言葉を選ぶなど，自分の考えが分かりやすく伝わるように表現を工夫すること。	場の状況に応じて言葉を選ぶなど表現の工夫をして，友達を相手に練習する。	3
	エ　話の展開を予測しながら聞き，聞き取った内容や表現の仕方を評価して，自分の考えを広げたり深めたりすること。	グループで提案を聞き合い相互評価して，代表を決める。学級全体で代表者の話を聞く。	4
	〔知識及び技能〕の指導事項	具体的な学習活動	時
	(2)ア　具体と抽象など情報と情報との関係について理解を深めること。	「具体と抽象」に関する知識等を生かしながら，情報を整理する。	1
	学習過程に即してどのような資質・能力が身に付いたか振り返る。		

備考　6年生の中学校訪問に合わせ，代表者が話をする。（特別活動として）

第**4**章

単元構想表で見る「書くこと」の言語活動

1 第1学年 イ

夏休みの経験を新聞で報告する

1 本単元の指導事項

〔知識及び技能〕
- (1)オ（表現の技法）

〔思考力，判断力，表現力等〕
- ア（題材の設定，情報の収集，内容の検討）
- エ（推敲）

2 教材・題材と言語活動の設定

本単元に対応した言語活動例とその「解説」

> イ　行事の案内や報告の文章を書くなど，伝えるべきことを整理して書く活動。

　行事の案内としては，ポスターやリーフレット，案内状，手紙などが，報告の文章としては，新聞や報告書などが考えられる。
　中学生は，学校からのお知らせや地域の催し物の案内など，様々な形式の実用的な文章に触れている。これらの文章は，相手や目的に応じて伝えるべき事柄を取捨選択したり再構成したりして簡潔に分かりやすく書くものである。

本単元の言語活動

> 夏休みの経験を新聞で報告する

　経験したことを文章にまとめる学習は，多くの生徒が小学校でも経験しています。本単元では，中学校に入って最初の夏休みの経験を，１面の新聞で報告するという活動を設定します。

　報告する内容については，どんなことでもよいとする場合と，一定の条件を付ける場合とが考えられるでしょう。一定の条件としては，例えば，「図書館，博物館，美術館，郷土資料館などを訪問し，その内容を報告する」などが考えられます。

　新聞を書く際には，表題と日付に加えて，「トップ記事」「囲み記事」「コラム」の３つを設けるようにします。「トップ記事」には，経験したことの中心を５Ｗ１Ｈを基本として文章化します。「囲み記事」には，特に話題として取り上げたい事柄を書きます。「コラム」には，経験したことや感じたこととそれについての考察や意見を書きます。このように記事の内容を区別して書くことは，実際に新聞を読む際にも働く力となります。また，他の教科等で新聞を作る際にも役立ちます。

　また，トップ記事と囲み記事には見出しを付けるようにします。見出しは，少ない文字数で内容を端的に表すとともに読み手を引きつけなくてはなりません。そこで，表現の技法を効果的に用いるように指導します。〔知識及び技能〕(1)オの指導事項との関連を図った学習になります。

3　単元の計画と「単元構想表」

第❶時

　まず，単元の目標と，これから取り組む活動について理解し，学習の見通しをもちます。

次に，小学校で新聞を書いたときのことを想起させながら，「トップ記事」「囲み記事」「コラム」の一般的な特徴について指導します。その上で，それぞれの記事で伝えたい内容を整理します。更に，新聞の１面に大まかな割り付けを考えるところまで進めます。記事の特徴と関連付けて内容を決めるという思考の状況を捉えて評価します。この時間の学習を効率的に進めるために，夏休み前に予告をして準備を促しておくとよいでしょう。

第❷❸時

実際に記事の文章を書く段階です。割り付けに基づいてそれぞれの記事の文字数を決め，原稿用紙に文章を書いていきます。指導事項には「根拠を明確にしながら」とありますが，この学習では，「具体的な内容」を示しながら書くことを意識させます。実際の新聞を準備し，記事の書き方を随時参考にするよう指示します。ペアやグループで文章を読み合い，アドバイスする時間を設けることも考えられます。

第❹時

表記や語句，叙述の仕方などを確かめながら清書します。その際，下書きをどのように直したか，なぜそう直したのかを記録に残すようにします。推敲を意識的に行わせ，その状況を見て「思考・判断・表現」の評価をするためです。また，この段階でトップ記事と囲み記事の見出しを考えます。その際，比喩，反復，倒置，体言止めなどの表現の技法に関する知識及び技能を活用するよう促します。

第❺時

前時に完成した新聞のいくつかを印刷して配付し，内容や表現の仕方について学級全体で意見交換をします。よい点や改善点の指摘を整理し，それぞれ自分の新聞に当てはめて分析します。新聞は，教室や廊下に掲示するとよいでしょう。

単元構想表（第1学年　イ）

言語活動	〔思考力，判断力，表現力等〕の指導事項	具体的な学習活動	時
夏休みの経験を新聞で報告する	単元の目標と活動について理解し，学習の見通しをもつ。		
	ア　目的や意図に応じて，日常生活の中から題材を決め，集めた材料を整理し，伝えたいことを明確にすること。	夏休みの経験から伝えたい内容を決め，材料を集めて整理する。（休み前に予告しておく）	1
	イ　書く内容の中心が明確になるように，段落の役割などを意識して文章の構成や展開を考えること。	記事の内容に即して，新聞の1面に割り付けを考える。	1
	ウ　根拠を明確にしながら，自分の考えが伝わる文章になるように工夫すること。	記事の内容に即して，伝えたいことが明確になるように下書きを書く。	2・3
	エ　読み手の立場に立って，表記や語句の用法，叙述の仕方などを確かめて，文章を整えること。	表記や語句，叙述の仕方などを確かめながら，用紙に清書する。見出しも整える。	4
	オ　根拠の明確さなどについて，読み手からの助言などを踏まえ，自分の文章のよい点や改善点を見いだすこと。	完成した新聞のうちのいくつかを全体で読んで意見交換する。その後，各自で新聞を読み返す。	5
	〔知識及び技能〕の指導事項	具体的な学習活動	時
	(1)オ　比喩，反復，倒置，体言止めなどの表現の技法を理解し使うこと。	特に記事の見出しを考える際に，表現の技法を効果的に使う。	3
	学習過程に即してどのような資質・能力が身に付いたか振り返る。		

第4章

2 第1学年 ウ

心に残る出来事について随筆を書く

1 本単元の指導事項

〔知識及び技能〕
・(1)ウ（語彙）

〔思考力，判断力，表現力等〕
・イ（構成の検討）
・ウ（考えの形成，記述）

2 教材・題材と言語活動の設定

本単元に対応した言語活動例とその「解説」

> ウ　詩を創作したり随筆を書いたりするなど，感じたことや考えたことを書く活動。

　感じたことや考えたことを読み手に伝わるように言葉や表現を吟味しながら詩を創作したり，随筆を書いたりすることなどが考えられる。
　詩を創作する際には，凝縮した表現であること，散文とは違った改行形式や連による構成になっていることなどの基本的な特徴を踏まえて，感じたことや考えたことを書くこととなる。
　随筆とは，身近に起こったこと，見たことや聞いたこと，経験したこ

> となどを描写しながら，感想や自分にとっての意味などをまとめた文章である。

本単元の言語活動

> 心に残る出来事について随筆を書く

　授業の時期としては，12月や3月の，1年間を振り返るころを想定しています。中学校に入学して様々なことを経験した生徒が，心に残る出来事について文章にまとめることは興味を喚起しやすい活動です。文章の種類としては随筆を選びました。随筆の定義は上に示されています。出来事をしっかりと描写し，それに対する感想や自分にとっての意味などを書きます。出来事が丁寧に記述されているからこそ，筆者の思いがよく伝わります。2つの内容を表現するという意識を明確にもって取り組ませるようにします。

　なお，随筆については，第1学年〔思考力，判断力，表現力等〕「読むこと」の言語活動例でも，「小説や随筆などを読み，考えたことなどを記録したり伝え合ったりする活動。」が示されています。随筆を読む学習の経験があれば，それを踏まえて「書くこと」の指導をすると効果的でしょう。

3 単元の計画と「単元構想表」

第1時

　まず，単元の目標と，これから取り組む活動について理解し，学習の見通しをもちます。特に，「随筆」の特徴について理解するようにします。

　その上で，この1年間で自分の心に残った出来事について思い出します。いつの，どんな出来事だったのか。それについてどう思ったのか。その出来事は自分にとってどんな意味があったのか等を，付箋に書き出していきます。出来事について，例えば「初めて一人旅をした。」という1枚の付箋で終わ

ってしまっている生徒がいれば、その付箋の下に、「いつ」「見たもの」「したこと」「出会った人」などの付箋を並べていくようアドバイスします。付箋が多くなることで、文章が豊かになります。

第2時

　付箋を並べながら構成メモを作成します。随筆は、書き出しや締めくくりなどに工夫が凝らされているものが多くあります。教科書教材や短い随筆を幾つか示し、構成の工夫について参考にさせることも有効です。本時の振り返りでは、どんな意図をもってどんな工夫をしたのかを記述させるようにします。

第3, 4時

　構成メモに基づいて、実際に随筆を書いていきます。今回の学習については、出来事が「根拠」となって、自分の考えが伝わりやすくなります。出来事と自分の思いの両方を書くことを、常に意識するよう指導します。出来事については、単に説明するだけでなくそのときの様子を描写すると伝わりやすくなります。そのことについて、できるだけ生徒が実際に書いている文章を取り上げてアドバイスします。机間指導しながら、個別の学習と学級全体の学習の切り替えを図っていくことが大切です。

第5時

　「推敲」と「共有」の過程の学習を行います。推敲の段階では、〔知識及び技能〕(1)エの指導との関連を図り、語句を選びながら語彙を豊かにするようにします。特に、「面白かった」「嬉しかった」「感動した」等の語句で心情が表わされている場合は、そのときの心の動きを思い出し、より適切な語句を探すよう促します。共有の段階では、グループで読み合ってコメントし合います。いくつかの文章を「学年だより」等で紹介するのもよいかもしれません。

単元構想表（第１学年　ウ）

言語活動	〔思考力，判断力，表現力等〕の指導事項	具体的な学習活動	時
心に残る出来事について随筆を書く	単元の目標と活動について理解し，学習の見通しをもつ。		
	ア　目的や意図に応じて，日常生活の中から題材を決め，集めた材料を整理し，伝えたいことを明確にすること。	随筆について学んだ後，心に残る出来事について思い出し，内容を付箋に書き出す。	1
	イ　書く内容の中心が明確になるように，段落の役割などを意識して文章の構成や展開を考えること。	付箋を並べ替えながら，随筆の構成を考える。	2
	ウ　根拠を明確にしながら，自分の考えが伝わる文章になるように工夫すること。	出来事と，それについての自分の思いの両方が伝わるように書く。	3 4
	エ　読み手の立場に立って，表記や語句の用法，叙述の仕方などを確かめて，文章を整えること。	語句の使い方に特に着目し，辞書も活用して，より適切な語句に直す。	5
	オ　根拠の明確さなどについて，読み手からの助言などを踏まえ，自分の文章のよい点や改善点を見いだすこと。	グループで読み合い，出来事と思いの両方が伝わるか，コメントし合う。	5
	〔知識及び技能〕の指導事項	具体的な学習活動	時
	(1)ウ　事象や行為，心情を表す語句の量を増すとともに，語句の辞書的な意味と文脈上の意味との関係に注意して話や文章の中で使うことを通して，語感を磨き語彙を豊かにすること。	事象や行為，心情を表す語句に特に着目し，より適切な語句に直す。	5
	学習過程に即してどのような資質・能力が身に付いたか振り返る。		

第4章

3　第2学年　ア

「若者言葉」について自分の意見を述べる文章を書く

1　本単元の指導事項

〔知識及び技能〕
- (1)エ（語彙）

〔思考力，判断力，表現力等〕
- ウ（考えの形成，記述）
- オ（共有）

2　教材・題材と言語活動の設定

本単元に対応した言語活動例とその「解説」

> ア　多様な考えができる事柄について意見を述べるなど，自分の考えを書く活動。

　多様な考えができる事柄とは，立場によって意見が分かれる問題や，一つの結論に収れんされず，様々な結論を導くことができる話題などのことである。そうした事柄について，自分の意見や提案を述べる文章を書くことなどが考えられる。

本単元の言語活動

> 「若者言葉」について自分の意見を述べる文章を書く

　若い世代でしか使われない言葉や，他の世代とは異なる意味で使われる言葉は，「若者言葉」と呼ばれることがあります。これらは，一般的には言葉の乱れという文脈で語られ，社会的な関心事になることも多くあります。例えば，文化庁が実施している「国語に関する世論調査」の平成28年度調査では，次のような表現を取り上げ，聞いたことがあるか，使ったことがあるかを訪ねています。

　・心が折れる　　・目が点になる　　・あさっての方を向く
　・背筋が凍る　　・毒を吐く

　中学生は「若者言葉」の使い手・作り手の世代に属し，このような言葉を使うことで教師や家族から注意を受けることもあるでしょう。それに対して反発したり共感したりしながら，言葉への関心を高めていく時期と考えられます。

　「若者言葉」を使うことについては，上述の「国語に関する世論調査」をはじめ，様々なデータがあります。また，「若者言葉」についての多様な意見が，説明文や論説文，エッセイ等の形でまとめられています。これらを用いて自分なりの考えをまとめ，それを読み合うというのが今回の活動です。

3　単元の計画と「単元構想表」

第❶時

　まず，単元の目標と，これから取り組む活動について理解し，学習の見通しをもちます。
　資料から必要な情報を集める段階の授業は，学校図書館を活用することも重要ですが，単元全体の時間配分の中で，教師がプリントして準備しておく

ことも考えられます。

第❷時
　段落相互の関係を明確にして，構成メモを作ります。「自分の考えを述べる段落」「データや具体例を示す段落」「自分とは異なる考えを想定して取り上げる段落」など，どの段落にどんな内容を書くのかを明らかにします。

第❸❹時
　第3・4時で，記述と推敲を行います。本単元では，指導事項ウに重点の1つを置いています。「根拠の適切さ」を考えることについて，『解説』では次のように述べています。

> 　根拠の適切さを考えるとは，書こうとする根拠が自分の考えを支えるものであるかどうかを検討することであり，その根拠が確かな事実や事柄に基づいたものであること，自分の考えが事実や事柄に対する適当な解釈から導き出されていることなどが，適切さを考える観点となる。

　これを参考に，自分が取り上げる根拠について，確かな事実や事柄に基づいたものであるか，事実や事柄に対して適切な解釈をしているかを検討します。かなり難しい作業ですから，例を挙げて学級全体で学習した上で個人の取組に移るようにします。また，自分の考えを述べる際に，類義語辞典などを活用して，より適切な言葉を選ぶようにします。これを，〔知識及び技能〕(1)ウの指導として位置付けます。

第❺時
　他の人の文章を読んで，根拠の適切さと表現の工夫についてコメントを書き込みます。根拠については，適切・不適切の理由を示すことが重要です。

単元構想表で見る「書くこと」の言語活動

単元構想表（第2学年　ア）

言語活動	〔思考力，判断力，表現力等〕の指導事項	具体的な学習活動	時
「若者言葉」について自分の意見を述べる文章を書く	単元の目標と活動について理解し，学習の見通しをもつ。		
	ア　目的や意図に応じて，社会生活の中から題材を決め，多様な方法で集めた材料を整理し，伝えたいことを明確にすること。	「若者言葉」を使うことについての様々な資料や文章を読み，伝えたい内容を考える。	1
	イ　伝えたいことが分かりやすく伝わるように，段落相互の関係などを明確にし，文章の構成や展開を工夫すること。	自分の考えを述べる段落，データや具体例を書く段落などを明確にして，文章の構成を考える。	2
	ウ　根拠の適切さを考えて説明や具体例を加えたり，表現の効果を考えて描写したりするなど，自分の考えが伝わる文章になるように工夫すること。	根拠となるデータや具体例が適切か吟味しながら，自分の考えが明確に伝わるように文章を書く。	3 4
	エ　読み手の立場に立って，表現の効果などを確かめて，文章を整えること。	考えが明確に伝わるように，文章を読み返して直す。	3 4
	オ　表現の工夫とその効果などについて，読み手からの助言などを踏まえ，自分の文章のよい点や改善点を見いだすこと。	グループで文章を読み合い，根拠の適切さと表現の工夫についてコメントを書き合う。	5
	〔知識及び技能〕の指導事項	具体的な学習活動	時
	(1)エ　抽象的な概念を表す語句の量を増すとともに，類義語と対義語，同音異義語や多義的な意味を表す語句などについて理解し，話や文章の中で使うことを通して，語感を磨き語彙を豊かにすること。	自分の考えを明確に述べるために，類義語辞典を用いて語句を選んで使用する。	3 4
	学習過程に即してどのような資質・能力が身に付いたか振り返る。		

第4章

4　第2学年　イ

他の中学校の生徒に質問の電子メールを送る

1 本単元の指導事項

〔知識及び技能〕
- (1)カ（言葉遣い）

〔思考力，判断力，表現力等〕
- イ（構成の検討）
- オ（共有）

2 教材・題材と言語活動の設定

本単元に対応した言語活動例とその「解説」

> イ　社会生活に必要な手紙や電子メールを書くなど，伝えたいことを相手や媒体を考慮して書く活動。

　例えば，お世話になっている相手に案内や連絡，報告をしたりお礼を伝えたりする文章を書くこと，情報を収集する際に，依頼や質問の手紙や電子メールを送ることなどが考えられる。
　また，インターネットや携帯電話，スマートフォンによる連絡や交流の特徴である匿名性や即時性，文章量の制限などが，子供たちの人間関係に影響している場合もある。相手や媒体を考慮して書くとは，こうし

> た状況等を踏まえ，自分の発信した情報がどう受け止められるかを想像したり，相手の状況や媒体の特性などを考慮したりして書くことである。

本単元の言語活動

> 他の中学校の生徒に質問の電子メールを送る

　本単元の授業を行うためには，できれば離れた地域にあるＡ中学校とＢ中学校が連携できることが望まれます。同じ時間にコンピュータを使って，リアルタイムで生徒が電子メール（以下，メール）のやり取りをすることを想定しているからです。活動の前提として，他県や他市の中学生の学習や生活について調べたことをまとめるという目的を設定します。その過程に，メールでの質問と回答のやり取りを組み込む形にします。
　生徒の中には，日常的に友達とメールをしている人がいるかもしれませんが，公的な改まったメールを実際に作成したことは稀なのではないでしょうか。相手が同じ中学生とは言え，見知らぬ人とメールでコミュニケーションをとる緊張感を味わうことは，学習の大きな動機付けとなります。

3　単元の計画と「単元構想表」

第１時

　まず，単元の目標と，これから取り組む活動について理解し，学習の見通しをもちます。メールを送る相手の学校や地域のことについては，国語の授業以外でも情報を提供し，理解を深めておくとよいでしょう。社会科の学習との関連が図れれば，なお効果的です。そのような知識を前提として，詳しく知りたいことを決めます。
　次に公的なメールのマナーについて学習します。メールの用件が分かるような件名を付けること，本文の最初に宛名を記載すること，用件の前に自分

が誰かを名乗ること，用件については箇条書きにしたり小見出しを付けたりして簡潔に書くこと，内容のまとまりごとに適宜余白をとること，末尾には必ず署名（氏名，学校名，学年組，連絡先）を記載することなどを指導します。マニュアル的に教えるのではなく，なぜそのような個々のマナーがあるのかを考えさせることが重要です。その上で，ワークシートに文面の下書きをします。

第2時

　コンピュータを使って，実際に文面を作成して送信します。送信の前には，前時に学習したマナーを思い出しながら文面を読み返すようにします。また，〔知識及び技能〕(1)カの指導事項との関連を図り，敬語の使い方が適切かどうかにも注意します。

　A中学校からB中学校に質問のメールが送られると，B中学校ではそれに回答するとともに，こちらからの質問内容をメールします。それにA中学校が答える形で，数往復のメールのやり取りが行われるでしょう。最後に，相手からのメールの文面について感じたことを伝えて，やり取りを終えます。全てのやり取りの経過をプリントアウトします。

第3時

　自分のメールの文面についての相手の感想を参考に，文面について分析します。教師は前時に集めたやり取りのプリントアウトから参考になるものを選び，学級全体で分析する時間を設けます。伝えたいことが分かりやすく伝わらなかったり言葉遣いが適切でなかったりした例があれば，それが逆によい学習の材料になります。また，メールのやり取りを通じて，知りたいことへの理解が一層深まっていった例があれば，是非全体の前で取り上げたいものです。

　最終的に，自分の質問に対する回答と，メールのやり取りについて振り返ったことを各自でまとめます。

単元構想表（第２学年　イ）

言語活動	〔思考力，判断力，表現力等〕の指導事項	具体的な学習活動	時
他の中学校の生徒に質問の電子メールを送る	単元の目標と活動について理解し，学習の見通しをもつ。		
	ア　目的や意図に応じて，社会生活の中から題材を決め，多様な方法で集めた材料を整理し，伝えたいことを明確にすること。	他県（市）の中学生の学習や生活について，メールで質問したいことを決める。	1
	イ　伝えたいことが分かりやすく伝わるように，段落相互の関係などを明確にし，文章の構成や展開を工夫すること。	メールのマナーについて学習し，文面の下書きをする。	1
	ウ　根拠の適切さを考えて説明や具体例を加えたり，表現の効果を考えて描写したりするなど，自分の考えが伝わる文章になるように工夫すること。	他校の生徒と同じ時間にコンピュータを使い，リアルタイムでメールのやり取りをする。	2
	エ　読み手の立場に立って，表現の効果などを確かめて，文章を整えること。	メールを送る前には，必ず文面を読み返すようにする。	2
	オ　表現の工夫とその効果などについて，読み手からの助言などを踏まえ，自分の文章のよい点や改善点を見いだすこと。	メールの文面についての感想を参考に，自身の文面について分析する。質問の回答と，メールのやり取りをまとめる。	3
	〔知識及び技能〕の指導事項	具体的な学習活動	時
	(1)カ　敬語の働きについて理解し，話や文章の中で使うこと。	相手と内容に応じて，正しい敬語の使い方を考えて文面を書く。	2
	学習過程に即してどのような資質・能力が身に付いたか振り返る。		

5 第3学年 ア

国民体育大会のスローガンを批評する

1 本単元の指導事項

〔知識及び技能〕
- (1)イ（語彙）

〔思考力，判断力，表現力等〕
- ウ（考えの形成，記述）
- オ（共有）

2 教材・題材と言語活動の設定

本単元に対応した言語活動例とその「解説」

> ア　関心のある事柄について批評するなど，自分の考えを書く活動。

　第3学年では，生徒の視野が一層広がるように，書く対象に対する書き手の主観だけでなく，客観的に物事を捉えながら自分の考えを書く活動を例示している。
　批評するとは，対象とする事柄について，そのものの特性や価値などについて，根拠をもって論じたり評価したりすることである。

本単元の言語活動

> 国民体育大会のスローガンを批評する

　批評する言語活動は，平成20年版学習指導要領で例示されました。特に，「書くこと」と「読むこと」の２つの領域で批評が取り上げられたことから，文学的な文章等を読むことと関連付けて批評する文章を書く実践が多く見られます。これを否定するものではありませんが，文章を書く資質・能力を確実に育成するためには，批評の対象をより分かりやすいものにする方がよいと思われます。例えば，標語やスローガンなどは生徒にとって身近である上に，短文であるため分析や評価がしやすいという長所をもっています。

　今回は，国民体育大会（国体）のスローガンに着目してみました。国民体育大会は，都道府県対抗で行われる日本のスポーツの祭典です。本大会と冬季大会があり，毎年，都道府県が持ち回りで主催しています。開催県は，大会スローガンを決めるのが恒例です。

　右は平成15年から29年までの本大会のスローガンです。リズミカルなもの，地域性を感じるもの，言葉遊びの要素があるもの，スポーツがよりイメージしやすいものなど，様々な特徴があることが分析できます。こうした分析に自分なりの価値判断を加えて批評する文章を書きます。

国民体育大会（本大会）　過去のスローガンの例

年	開催県	スローガン
29	愛媛県	君は風　いしづちを駆け　瀬戸に舞え
28	岩手県	広げよう感動。伝えよう感謝
27	和歌山県	躍動と歓喜，そして絆
26	長崎県	君の夢　はばたけ今　ながさきから
25	東京都	東京に　多摩に　島々に　羽ばたけアスリート
24	岐阜県	輝け　はばたけ　だれもが主役
23	山口県	君の一生けんめいに会いたい
22	千葉県	今　房総の風となり　この一瞬に輝きを
21	新潟県	トキはなて　君の力を　大空へ
20	大分県	ここから未来へ　新たな一歩
19	秋田県	君のハートよ位置につけ
18	兵庫県	"ありがとう"心から・ひょうごから
17	岡山県	あなたがキラリ☆
16	埼玉県	とどけ　この夢　この歓声
15	静岡県	"がんばる"が好き

＊年は平成　　　　　　　　　　　日本体育協会HPより

3 単元の計画と「単元構想表」

第1時

まず，単元の目標と，これから取り組む活動について理解し，学習の見通しをもちます。国体の趣旨や開催方法について知るとともに，過去のスローガンを読みます。どのスローガンがよいか，最初は漠然とで構わないので判断させ，その理由を考えるようにします。

第2時

批評する文章を書くためには，対象について客観的に捉える必要があることを指導します。その上で，スローガンについて分析や評価をするための語句を学級全体で考えます。例えば，分析ならば「呼びかけの表現がある」，評価ならば「幅広い世代に親しみやすさがある」などです。「語彙」の指導と関連する内容です。これを踏まえ，それぞれが実際に分析や評価を行います。併せて，批評のモデル文を参考にして，文章の構成メモを作成します。

第3時

構成メモに即して，文章を書きます。その際，指導事項ウを踏まえ，スローガンの表現を具体的に取り上げながら書くことが大切です。個人の学習が中心になりますが，不十分な点が見られれば適宜全体に指導します。

第4時

書いた文章を読み返し，分析や評価の項目ごとに小見出しを付けます。これまでの「推敲」の学習を思い出して全体を読み返して添削を行います。

第5時

他の複数の人の文章を読んで，よい点や改善点について記述します。

単元構想表で見る「書くこと」の言語活動

単元構想表（第3学年　ア）

言語活動	〔思考力，判断力，表現力等〕の指導事項	具体的な学習活動	時
国民体育大会のスローガンを批評する	単元の目標と活動について理解し，学習の見通しをもつ。		
	ア　目的や意図に応じて，社会生活の中から題材を決め，集めた材料の客観性や信頼性を確認し，伝えたいことを明確にすること。	国民体育大会の概要について知り，過去のスローガンを読んで，自分なりに良し悪しを考える。	1
	イ　文章の種類を選択し，多様な読み手を説得できるように論理の展開などを考えて，文章の構成を工夫すること。	スローガンを分類するとともに，批評する文章のモデルを参考に，構成メモを作成する。	2
	ウ　表現の仕方を考えたり資料を適切に引用したりするなど，自分の考えが分かりやすく伝わる文章になるように工夫すること。	スローガンの表現を具体的に取り上げながら，分析や評価をした内容を文章に書く。	3
	エ　目的や意図に応じた表現になっているかなどを確かめて，文章全体を整えること。	小見出しを複数加え，全体を読みやすく整えて清書する。	4
	オ　論理の展開などについて，読み手からの助言などを踏まえ，自分の文章のよい点や改善点を見いだすこと。	文章を読み合い，他の人の文章と比較して，自分の文章のよさや改善点を発表する。	5
	〔知識及び技能〕の指導事項	具体的な学習活動	時
	(1)イ　理解したり表現したりするために必要な語句の量を増し，慣用句や四字熟語などについて理解を深め，話や文章の中で使うとともに，和語，漢語，外来語などを使い分けることを通して，語感を磨き語彙を豊かにすること。	スローガンを分析したり評価したりするために必要な語句を考える。	2
	学習過程に即してどのような資質・能力が身に付いたか振り返る。		

6 第3学年 イ

パラスポーツを紹介するリーフレットを作る

1 本単元の指導事項

〔知識及び技能〕
・(3)エ(ア)（書写）

〔思考力，判断力，表現力等〕
・イ（構成の検討，考えの形成）
・エ（構造と内容の把握，精査・解釈，考えの形成，共有）

2 教材・題材と言語活動の設定

本単元に対応した言語活動例とその「解説」

> イ　情報を編集して文章にまとめるなど，伝えたいことを整理して書く活動。

複数の情報を編集して文章にまとめるなど，伝えたいことを整理して書く言語活動を例示している。例えば，新聞，リーフレットやパンフレット，発表のための資料を作成するなど，情報を編集して文章にまとめることが考えられる。

これらの文章は，伝えたいことに合わせて様々な情報を収集し，書く目的や形式に応じて分量を考え，引用したり加工したりしてまとめるも

> のである。一人でまとめることもあれば，複数でまとめることもある。

本単元の言語活動

> パラスポーツを紹介するリーフレットを作る

　2020年に東京オリンピック・パラリンピックが開催されることを受け，多様なスポーツについて関心が高まっています。その中で，障害者スポーツについても「パラスポーツ」と呼称されてニュース等で大きく取り上げられるなど，一層認知されるようになっています。こうした流れを好機と捉え，パラスポーツについて国語科の授業で取り上げてみてはどうでしょうか。

　活動の内容は，パラスポーツについてリーフレットにまとめることですが，義務教育の仕上げとなる第３学年の授業ですから，教師がスモールステップを示すのではなく，リーフレットの企画から完成までをできるだけ生徒に委ねることにします。もちろん，学習として不十分であれば教師がしっかり指導します。

　リーフレットは，紙の折り方によって，４面，６面，８面などの面のバリエーションが生まれます。どの折り方を選ぶのか，どの面にどんな内容を盛り込んでいくのかを考えます。それらを含め，全体の体裁についてはグループで話し合って決めていきますが，文章を書くことについては個々の生徒の分担を明確にして，個別の指導と評価ができるようにします。

3　単元の計画と「単元構想表」

第❶時

　まず，単元の目標と，これから取り組む活動について理解し，学習の見通しをもちます。前述したように，学習の進め方をグループで相談します。以下は，手順の１つを想定して説明します。まず，材料を集めます。インター

ネットを使う場合は，サイトの信頼性について注意するようにします。集めた材料を持ち寄りグループとして伝えたいことを決めます。

第❷時

リーフレットの種類（折り方）を選択します。面の数とつながりを踏まえ，全体の構成を考えます。構成の例としては，「冬季スポーツと夏季スポーツ」「障害に応じたルールの工夫」「パラスポーツの歴史」等が考えられます。学習状況に応じて，適宜ヒントとして示してもよいでしょう。個人でアイデアを考えた後，グループで交流して１つの案にまとめます。

第❸時

各自が面を分担し，改めて資料を整理しながら文章を書きます。資料を引用する際には，第１学年〔知識及び技能〕(2)イの「情報の整理」に関する事項の学習を活用させるようにします。引用に加えて，資料を読んで自分が考えたこと，読み手に伝えたいことを明確に書くようにします。

第❹時

グループとして，リーフレットの完成に向かいます。各面の文章について吟味するとともに，面のつながりや見出しの言葉の統一性などを確認していきます。見出し等の文字を書く際には，実際のポスターやリーフレット等の文字を参考にして書きます。これは，第３学年の書写に関する指導事項との関連を図ります。

第❺時

グループごとに他のグループのリーフレットを順に読んで，全体の構成と各面の文章について意見をまとめてコメントを付します。戻ってきた自グループのリーフレットについてのコメントを確認し，作成してきた過程全体を振り返ります。

単元構想表（第3学年 イ）

言語活動	〔思考力，判断力，表現力等〕の指導事項	具体的な学習活動	時
パラスポーツを紹介するリーフレットを作る	単元の目標と活動について理解し，学習の見通しをもつ。		
	ア 目的や意図に応じて，社会生活の中から題材を決め，集めた材料の客観性や信頼性を確認し，伝えたいことを明確にすること。	パラスポーツの概要について知り，材料を集めながらグループとして伝えたいことを決める。	1
	イ 文章の種類を選択し，多様な読み手を説得できるように論理の展開などを考えて，文章の構成を工夫すること。	リーフレットの種類を選択し，伝えたいことに即して面の構成を考える。	2
	ウ 表現の仕方を考えたり資料を適切に引用したりするなど，自分の考えが分かりやすく伝わる文章になるように工夫すること。	各自が面を分担し，資料を引用するとともに，自分の考えを加えて文章を書く（鉛筆で下書き）。	3
	エ 目的や意図に応じた表現になっているかなどを確かめて，文章全体を整えること。	リーフレットとしての一体感・一貫性があるかを確かめ，全体を整える（ペン等で清書）。	4
	オ 論理の展開などについて，読み手からの助言などを踏まえ，自分の文章のよい点や改善点を見いだすこと。	各グループのリーフレットを回覧し，よい点や改善点についてコメントを述べ合う。	5
	〔知識及び技能〕の指導事項	具体的な学習活動	時
	(3)エ(ｱ) 身の回りの多様な表現を通して文字文化の豊かさに触れ，効果的に文字を書くこと。	実際のポスターやリーフレット等に使われている文字を参考にして，リーフレットの文字を工夫する。	4
	学習過程に即してどのような資質・能力が身に付いたか振り返る。		

第5章

単元構想表で見る「読むこと」の言語活動

CHAPTER
5

第5章

1 第1学年　ア

方言について
新たに分かったことを報告する

1 本単元の指導事項

〔知識及び技能〕
・(3)ウ（言葉の由来や変化）

〔思考力，判断力，表現力等〕
・ア（構造と内容の把握）
・ウ（精査・解釈）

2 教材・題材と言語活動の設定

本単元に対応した言語活動例とその「解説」

> ア　説明や記録などの文章を読み，理解したことや考えたことを報告したり文章にまとめたりする活動。

　取り上げる文章としては，様々な事実や事柄について説明した文章や記録した文章など，社会的な事象や自然科学的な事象等，広い範囲から内容を取り上げたものを用いることが考えられる。
　理解したことや考えたことを報告したり文章にまとめたりする際には，例えば，文章を読んで得た知識や考えを，学級等で報告したりノートやレポート等にまとめたりすることが考えられる。

本単元の言語活動

> 方言について新たに分かったことを報告する

　第1学年〔知識及び技能〕(3)ウの指導事項は,「共通語と方言の果たす役割について理解すること。」です。『解説』によれば,共通語は地域を越えて通じる言葉であり,共通語を適切に使うことで,異なる地域の人々が互いの伝えたいことを理解することができます。一方,方言はある地域に限って使用される言葉で,生まれ育った地域の風土や文化とともに歴史的,社会的な伝統に根ざしています。国語科の学習では,方言が担っている役割を,その表現の豊かさなど地域による言葉の多様性の面から十分理解し,方言を尊重する気持ちをもちながら,共通語と方言とを時と場合などに応じて適切に使い分けられるようにすることが大切です。

　本単元では,方言,あるいは方言と共通語について説明した文章を教材とします。文章を読んで,方言について新たに分かったことと,それについて自分が考えたことを報告し合います。

3　単元の計画と「単元構想表」

第❶時

　まず,単元の目標と,これから取り組む活動について理解し,学習の見通しをもちます。共通語と方言の違いについては小学校で学習しているので,それを想起させて,知っていることを発表させるようにします。その上で文章を通読します。「構造と内容の把握」の段階です。ここでは,文章に方言についていくつの内容が書かれているか,全体を通してどのような主張が述べられているかを捉えます。

第2・3時

　文章の中から,新たに分かったことを取り上げます。Ａ５判サイズのカードを準備し,取り上げた内容について小見出しを付けた上で要約した文章を書きます。「要約」について,『解説』では次のように説明しています。

> 　概略を理解するために文章全体の内容を短くまとめたり,情報を他者に伝えるために必要な部分を取り出してまとめたりするなど,その目的や必要に応じて内容や分量,方法が異なる。

　ここでの要約は,方言について自分が分かったことを他の人に報告することが目的です。重要な語句を適切に使いながら,分かったことを簡潔に記述することを促すようにします。

　２時間の中で,２〜３枚のカードを作成します。学習の途中で,同じ内容を取り上げている生徒同士でカードを読み合う時間を適宜設けます。要約した文章を読み合うことによって内容についての理解が深まります。事実を正しく捉えていれば,要約の仕方は人によって異なってもよいことを伝えます。

第4時

　異なる内容について書いたカードを読み合います。学校図書館などの大きな机を利用し,１つの机に同じ内容のカードを集めて並べ,生徒は机を回ってカードを読みます。その後,学級全体で文章を改めて通読し,疑問点があれば出し合って解決するようにします。

第5時

　自分が作成したカードの最後に,文章を読んで考えたことをまとめたカードを加えます。グループになって,カードを見せながら内容について報告し合います。その際,共通語の果たす役割についての学習と関連を図るようにします。

単元構想表で見る「読むこと」の言語活動

単元構想表（第1学年　ア）

言語活動	〔思考力，判断力，表現力等〕の指導事項	具体的な学習活動	時
方言について新たに分かったことを報告する	単元の目標と活動について理解し，学習の見通しをもつ。		
	ア　文章の中心的な部分と付加的な部分，事実と意見との関係などについて叙述を基に捉え，要旨を把握すること。	方言について，いくつの内容が書かれ，全体を通してどのような主張が述べられているか，概要を捉える。	1
	ウ　目的に応じて必要な情報に着目して要約したり，場面と場面，場面と描写などを結び付けたりして，内容を解釈すること。	新たに分かったことを取り上げ，重要な語句を中心に，その内容を短い文章に要約して，カードに書く。同じ内容について書いたカードを読み合い，理解を深める。	2 3
	エ　文章の構成や展開，表現の効果について，根拠を明確にして考えること。	異なる内容について書いたカードを読み合い，文章全体の理解を深める。	4
	オ　文章を読んで理解したことに基づいて，自分の考えを確かなものにすること。	作成したカードの最後に，方言についての自分の考えを述べたカードを加えて報告し合う。	5
	〔知識及び技能〕の指導事項	具体的な学習活動	時
	(3)ウ　共通語と方言の果たす役割について理解すること。	方言についての考えを記す際に，共通語の果たす役割についても触れるようにする。	5
	学習過程に即してどのような資質・能力が身に付いたか振り返る。		

第5章 2　第1学年　イ

「少年の日の思い出」の表現について スピーチする

1 本単元の指導事項

〔知識及び技能〕
・(1)ウ （語彙）

〔思考力，判断力，表現力等〕
・ウ （精査・解釈）
・エ （精査・解釈）

2 教材・題材と言語活動の設定

本単元に対応した言語活動例とその「解説」

> イ　小説や随筆などを読み，考えたことなどを記録したり伝え合ったりする活動。

　小説では登場人物の心情などが，随筆では人間や自然などについての書き手の考えなどが，様々な描写を用いて豊かに表現されている。
　考えたことなどを記録する際には，例えば，考えたことだけでなく，その根拠となる箇所，興味をもった言葉とその理由など，後に残すべき事実や事柄について書くことが考えられる。
　考えたことなどを伝え合う際には，例えば，文章を読んで疑問に思っ

> たことや印象に残ったこと，工夫された表現の効果などについてスピーチをしたり，文章にまとめたりすることが考えられる。

本単元の言語活動

> 「少年の日の思い出」の表現についてスピーチする

　「少年の日の思い出」は，中学校国語科で長く教材として読み続けられています。それは，思春期の衝撃的な出来事と登場人物の心情の変化が，中学生に強い印象を残すからでしょう。ただ，その作品の理解を深めるだけでは，他の文学的な文章等を読むことにはつながりません。作品を客観的に見て，他の文章を読むときに活用できる資質・能力を身に付ける必要があります。

　そこで，「『少年の日の思い出』の表現についてスピーチする」という言語活動を設定しました。情景を表す多様な語句，登場人物の描写，印象的な冒頭と結末などの表現の工夫に着目し，自分が特に印象に残った部分について２分程度でスピーチします。第２時から第４時では場面に分けて丁寧に読み進めていきますが，無目的に精読するのではなく，スピーチに向けて表現を味わっていくという目的をもたせることが重要です。

3 単元の計画と「単元構想表」

第1時

　まず，単元の目標と，これから取り組む活動について理解し，学習の見通しをもちます。具体的にどのようなスピーチをするのか，これまでに学習した文章を使って，教師が見本のスピーチをするとよいでしょう。第１時は，文章の概要を把握します。時代背景，登場人物，出来事，心情の変化などのポイントを示した上で，全文を範読します。その後，それぞれのポイントに即して内容を発表し合い，全体で確認します。

第②③④時

　場面に分けて読み進めていきます。表現を取り上げて丁寧に読んでいきますが、常に「表現についてスピーチする」という目的を意識させておきます。そのためには、言語活動を常に黒板に掲示しておくなどの工夫が考えられます。

　各時間の主な流れは、目標の確認、範囲の音読、気になる表現について生徒からの指摘と考えの交流、教師からの指摘の追加と考えの交流ということになるでしょう。注目させる表現については、『解説』の次の記述が参考になります。

> 例えば、簡潔な述べ方と詳細な述べ方、断定的な述べ方と婉曲な述べ方、敬体と常体、和文調の文体と漢文調の文体、描写の仕方や比喩をはじめとした表現の技法などに着目することが考えられる。

　学習の過程についてはワークシートやノートに記録させ、評価の資料とします。授業の振り返りでは、今日の学習と関連してスピーチのメモを残すようにします。また、〔知識及び技能〕(1)ウとの関連を図り、辞書の活用を促すようにします。

第⑤⑥時

　各自が優れた表現と感じる部分についてスピーチします。「話すこと・聞くこと」の学習ではないので、スピーチの練習時間は特に設けません。ただ、具体的な表現を根拠として取り上げて話すことについては重視させます。例えば、デジタル教科書等を使って本文の該当箇所を大画面に映し、傍線を引いたり指示棒で示したりして説明させると効果的です。スピーチを聞く際には必ず本文を参照するようにし、自分の考えを確かめたり、新たに気付いたりしたことについてメモを書き込むようにします。

単元構想表（第１学年　イ）

言語活動	〔思考力，判断力，表現力等〕の指導事項	具体的な学習活動	時
「少年の日の思い出」の表現についてスピーチする	単元の目標と活動について理解し，学習の見通しをもつ。		
	イ　場面の展開や登場人物の相互関係，心情の変化などについて，描写を基に捉えること。	「少年の日の思い出」を読み，時代背景，登場人物，出来事，心情の変化などについて整理する。	1
	ウ　目的に応じて必要な情報に着目して要約したり，場面と場面，場面と描写などを結び付けたりして，内容を解釈すること。	場面と描写との関係などに注意して読み，自分がスピーチしてみたい表現を含む部分を決めるためのメモを残す。	2 3 4
	エ　文章の構成や展開，表現の効果について，根拠を明確にして考えること。	優れた表現と感じる部分について，場面の展開や登場人物の心情などと関連付けてスピーチする。	5 6
	オ　文章を読んで理解したことに基づいて，自分の考えを確かなものにすること。	他の人のスピーチを聞き，自分の考えを確かにしたり，新たに気付いたりしたことについて記録する。	6 5
	〔知識及び技能〕の指導事項	具体的な学習活動	時
	(1)ウ　事象や行為，心情を表す語句の量を増すとともに，語句の辞書的な意味と文脈上の意味との関係に注意して話や文章の中で使うことを通して，語感を磨き語彙を豊かにすること。	文章を読む際やスピーチを考える際に国語辞典等を利用し，語句を吟味して使うようにする。	2 3 4
	学習過程に即してどのような資質・能力が身に付いたか振り返る。		

第5章

3　第1学年　ウ

ゴミ問題について情報を得て報告する

1 本単元の指導事項

〔知識及び技能〕
・(2)ア（情報と情報との関係）

〔思考力，判断力，表現力等〕
・ア（構造と内容の把握）
・オ（考えの形成，共有）

2 教材・題材と言語活動の設定

本単元に対応した言語活動例とその「解説」

> ウ　学校図書館などを利用し，多様な情報を得て，考えたことなどを報告したり資料にまとめたりする活動。

　学校図書館や地域の図書館には，図書資料に加え，新聞や雑誌など様々な媒体の資料がある。図書資料にも，辞書や百科事典など物事の概略を捉えるために役立つ資料，専門書など詳細な情報を得るために役立つ資料というように，特性の異なる様々な資料がある。
　多様な情報を得て，考えるとは，複数の資料から情報を取捨選択し，それらを基に自分の考えをもつことである。そのため，多様な情報を得

ることが必要となるテーマを設定することを想定している。
　まとめた資料については，印刷したり掲示したり，それを使って報告したりすることが考えられる。

本単元の言語活動

> ゴミ問題について情報を得て報告する

　『解説』に書かれているように，この言語活動では多様な情報を得ることが必要となる題材を設定することが大切です。テーマも最初から絞り込んで示さず，大きな項目で示して，情報を得ながら追求したいことを考えていくような授業展開を構想します。具体的には，「ゴミ問題」を取り上げました。ゴミ問題は多様です。身近なゴミの処理やリサイクル，ゴミ投棄による海の汚染，最近は「宇宙ゴミ」ということも話題になっています。また，昔のゴミ問題，世界各国のゴミ問題などの対象の広がりも想定できます。

　授業は学校図書館で行うことを基本にします。地域の図書館と連携して，関連資料を揃えます。また，長期休業日中の旅行の機会などを捉えて，各地のゴミ処理に関する資料などを集めるよう，生徒に指示しておくことも有効です。学習の後半では，「新たなゴミ問題」「食べ残しをなくすために」などテーマを絞り，資料を活用してレポートにまとめるようにします。

3 単元の計画と「単元構想表」

第１２時

　まず，単元の目標と，これから取り組む活動について理解し，学習の見通しをもちます。学校図書館内の多様な情報を読み，１つの情報について１枚のカード（第５章の１参照）に整理していきます。よい整理の仕方をしているカードをデジタルカメラで撮影・印刷して，適宜掲示していくと参考にな

るでしょう。多様な資料に触れるよう，「新聞」「雑誌」「事典・図鑑」「専門書」等の分類を設け，それぞれから情報を得るように指導する方法も考えられます。

第3・4時

　情報を集めながら，自分がレポートにまとめたいテーマを絞り込んでいきます。その後，似たテーマの生徒でグループを作って学習を進めるようにすることも考えられます。テーマに即して必要なカードを選び，改めて情報を読んで内容をまとめます。その際，〔知識及び技能〕(2)アとの関連を図ります。『解説』には次のような記述があります。

> 　原因とは，ある物事や状態を引き起こすもとになるものを指し，結果とは，ある原因によってもたらされた事柄や状態を指す。また，根拠とは，考えや言動の拠り所となるもののことを指す。

　多様な情報について，「原因と結果」「意見と根拠」という概念を使いながら整理させることが重要です。ワークシート等を工夫しましょう。また，情報を読み返す中でその内容について吟味し，レポートに取り入れるかどうか判断させるようにします。

第5・6時

　レポートの最後に，これまでの学習を通して，ゴミ問題について新たに考えたこと，考えが深まったことなどを記述します。未解決の問題や，もっと知りたいことなどを付加することも重要です。完成したレポートは，グループで読み合ったり，一定期間廊下に掲示して読めるようにしたりします。
　本単元は「読むこと」の学習に中心がありますから，レポートの分量を少なめに設定するなど，文章にまとめることに過重な負担がかからないように留意しましょう。

単元構想表で見る「読むこと」の言語活動

単元構想表（第1学年　ウ）

言語活動	〔思考力，判断力，表現力等〕の指導事項	具体的な学習活動	時
ゴミ問題について情報を得て報告する	単元の目標と活動について理解し，学習の見通しをもつ。		
	ア　文章の中心的な部分と付加的な部分，事実と意見との関係などについて叙述を基に捉え，要旨を把握すること。	ゴミ問題に関心をもち，多様な情報を読んで，その内容をカードに整理する（見出し，要旨，事実，意見，出典など）。	1 2
	ウ　目的に応じて必要な情報に着目して要約したり，場面と場面，場面と描写などを結び付けたりして，内容を解釈すること。	追求したいテーマを決めて必要なカードを選び，改めて情報を読んで，テーマに関連させて内容をまとめる。	3 4
	エ　文章の構成や展開，表現の効果について，根拠を明確にして考えること。	それぞれの情報の内容について吟味して，レポートに使用するものを取捨選択する。	3 4
	オ　文章を読んで理解したことに基づいて，自分の考えを確かなものにすること。	レポートの中に，情報に基づいて新たに考えたことや考えが深まったことを記述する。レポートをグループで読み合う。	5 6
	〔知識及び技能〕の指導事項	具体的な学習活動	時
	(2)ア　原因と結果，意見と根拠など情報と情報との関係について理解すること。	情報を整理する際に，原因と結果，意見と根拠などの関係についての知識を活用する。	3 4
	学習過程に即してどのような資質・能力が身に付いたか振り返る。		

111

解説文を読んで『平家物語』について説明する

第5章 4　第2学年　ア

1 本単元の指導事項

〔知識及び技能〕
・(3)イ（伝統的な言語文化）

〔思考力，判断力，表現力等〕
・イ（精査・解釈）
・オ（考えの形成，共有）

2 教材・題材と言語活動の設定

本単元に対応した言語活動例とその「解説」

> ア　報告や解説などの文章を読み，理解したことや考えたことを説明したり文章にまとめたりする活動。

> 　取り上げる文章としては，広く社会生活に関する情報，調査などを報告した文章や，文学や芸術など様々な事柄についてその内容や特徴などを専門的な立場から解説した文章が考えられる。
> 　理解したことや考えたことを説明したり文章にまとめたりする際には，例えば，文章を読んで得た知識や考えを，互いに説明し合ったりノートやレポート等にまとめたりすることが考えられる。

本単元の言語活動

> 解説文を読んで『平家物語』について説明する

　『平家物語』は，中学校の古典の教材として定番になっています。無常観を述べた冒頭部分をはじめ，「敦盛」や「扇の的」などの文章が，武士の姿や言動を通して時代を超えた人間のあり方ついて考えさせます。しかし，長編としての『平家物語』の全体像やその魅力，背景となっている歴史的事実や武士の文化等については，「伝統的な言語文化」に関する事項の指導の一般的な配当時間では十分な学習ができません。そこで本単元では，『平家物語』の解説の文章を教材とし，理解したことを説明する言語活動を設定しました。

　まず，『平家物語』に関心をもった上で，5つの課題を示します。①『平家物語』のあらすじ，②時代背景，③主な登場人物，④武士の生活や文化，⑤「平曲」について，です。生徒は，グループに分かれてそれぞれの課題を担当して解説文を読みます。理解したことをコンピュータを使って4枚のスライドに整理し，他のグループの生徒に対してプレゼンテーションします。単元のつながりとしては，この学習の後に教科書教材の『平家物語』を取り上げ，「伝統的な言語文化」に関する事項の指導を中心に授業を展開することが考えられます。

3　単元の計画と「単元構想表」

第❶時

　まず，単元の目標と，これから取り組む活動について理解し，学習の見通しをもちます。映像資料等を用い，『平家物語』についての関心を高めます。その上で前述の5つの課題を示し，それぞれを分担するグループを作ります。早速，様々な解説文を読んでいきます。

第2時

　『平家物語』の解説文から複数の情報を集め，整理します。グループで学習を進めますが，他人任せにならないよう，個人の作業の時間を確保します。話合いの結果，グループとして他の人に説明したい内容を決めます。本時の中心的な指導事項はイです。『解説』の次の記述を参考に指導します。

> 　整理するとは，集めた情報を観点に沿って比較，分類，関係付けなどをすることである。適切な情報を得るためには，情報の適否を見極めながら自分の目的に応じて整理することが大切である。文章の中で必要だと思った部分に印を付けたり，必要な部分を書き抜いたりしながら読み進めることなどが考えられる。

　説明の際，必要に応じて図表を引用させるようにします。また，複雑な内容を整理する場合には，図解が有効なことをアドバイスします。

第3時

　どのグループにも，発表の中で最低1カ所は，『平家物語』の本文（原文または現代語訳）を引用するように指示します。これにより，伝統的な言語文化に関する事項との関連が図られるとともに，後の『平家物語』を読むことの学習へのつながりが意識されます。

第4 5時

　理解した内容を，グループとして4枚のスライドにまとめます。スライドの数を限定することにより，内容の整理を促し，伝えたいことの重点を明確にさせる効果があります。表紙と参考文献のスライド（末尾）を付け，グループで協力してプレゼンテーションします。

単元構想表（第２学年　ア）

言語活動	〔思考力，判断力，表現力等〕の指導事項	具体的な学習活動	時
解説文を読んで『平家物語』について説明する	単元の目標と活動について理解し，学習の見通しをもつ。		
	ア　文章全体と部分との関係に注意しながら，主張と例示との関係や登場人物の設定の仕方などを捉えること。	グループに分かれて，『平家物語』について解説した本や文章を読み，必要な内容を探す。	1
	イ　目的に応じて複数の情報を整理しながら適切な情報を得たり，登場人物の言動の意味などについて考えたりして，内容を解釈すること。	グループで分担したテーマに即して複数の情報を整理し，他の人に説明する内容を考える。	2
	ウ　文章と図表などを結び付け，その関係を踏まえて内容を解釈すること。	必要に応じて，図表を引用したり，図解したりする。	2
	エ　観点を明確にして文章を比較するなどし，文章の構成や論理の展開，表現の効果について考えること。	説明したい内容に関連して，『平家物語』の本文を取り上げる。	3
	オ　文章を読んで理解したことや考えたことを知識や経験と結び付け，自分の考えを広げたり深めたりすること。	説明する内容をスライド４枚（＋表紙，参考文献）にまとめ，プレゼンテーションする。	4　5
	〔知識及び技能〕の指導事項	具体的な学習活動	時
	(3)イ　現代語訳や語注などを手掛かりに作品を読むことを通して，古典に表れたものの見方や考え方を知ること。	現代語訳を手掛かりに『平家物語』の文章を読み，説明したい内容と関連付けて引用する。	5
	学習過程に即してどのような資質・能力が身に付いたか振り返る。		

第5章

5 第2学年 イ

「走れメロス」
―14歳のレビューを書く―

1 本単元の指導事項

〔知識及び技能〕
- (1)エ（語彙）

〔思考力，判断力，表現力等〕
- イ（精査・解釈）
- オ（考えの形成，共有）

2 教材・題材と言語活動の設定

本単元に対応した言語活動例とその「解説」

> イ 詩歌や小説などを読み，引用して解説したり，考えたことなどを伝え合ったりする活動。

　取り上げる文章としては，詩，俳句，短歌，小説などが考えられる。
　引用して解説するとは，例えば，文章を読んで理解した書き手の考えや登場人物の設定の仕方について，その根拠となる部分を本文から引用して説明することである。
　考えたことなどを伝え合う際には，例えば，登場人物の言動から考えたことを説明したり，表現の効果について考えたことを文章にまとめた

りすることが考えられる。

本単元の言語活動

> 「走れメロス」—14歳のレビューを書く—

　優れた文学的な文章は，長い年月を置いて読み返すと全く違った感想をもつことがあります。「走れメロス」も，中学校２年生で読んだときの感想と，30代，50代になって読んだときの感想は違ってくるのではないでしょうか。そういう未来の自分に向けて，14歳の自分が「走れメロス」をどう読んだかを記録しておこうというのが本単元の言語活動です。単なる読書感想文よりも目的意識が明確になり，知識や経験と結び付けて考える必然性も生まれます。

　記録の書き方として，「レビュー」という語句を用いることにしました。レビューとは，批評，評論，あるいは書評という意味です。インターネットで本を検索すると，★の数で採点した上で文章で感想や評価を示してあることがあります。これも，レビューと呼ばれることが多いようです。まず，こうしたレビューを投稿する文化が身の回りにあることを理解させたいものです。その上で，自分なりのレビューを書くことを意識しながら「走れメロス」を読んでいきます。レビューが，未来の自分に向けた手紙のような文体になっても面白いかもしれません。

3　単元の計画と「単元構想表」

第1時

　インターネット上のレビューを見るなどして活動への興味をもたせます。全文を教師が範読し，登場人物の設定と相互関係，主な出来事について概要を捉えます。その上で，最初の感想を短い文章に表します。この段階の率直

な感想は，レビューの重要な内容になります。

第②③④時

　場面で大きく区切って読み進めます。メロスの言動から心情や考え方を想像し，共感したり違和感をもったりしたことを短い文章にまとめていきます。生徒が気付かなかった部分について，教師が示して読みを深めます。また，ディオニスやセリヌンティウス，フィロストラトス，群衆の言動についても興味をもつようにします。

第⑤⑥時

　登場人物の言動に着目することから離れ，表現の効果を考えながら全体を読み返します。「朝読書」などで読んでいる現在の小説や，面白いと感じている漫画やドラマなどと適宜比較すると，「走れメロス」の魅力に気が付くかもしれません。また，音読を通して言葉の響きやリズムについても味わうようにします。それぞれについての感想は，短い文章にまとめていきます。

第⑦時

　これまで書き溜めてきた文章を生かして，最終的なレビューを書きます。その際，現時点での自分の知識や経験と結び付けることを促します。その際，指導事項オの『解説』の次の説明を参考にします。知識や経験を列挙しているだけのレビューについて取り上げ，結び付きについて考えさせます。

> 　文章を読んで理解したことや考えたことを知識や経験と結び付ける際には，関連する知識や経験を想起して列挙するのみでなく，それらと結び付けることによって，理解したことや考えたことを一層具体的で明確なものにしていくことが重要である。

　書いたレビューは学級内で読み合ったり，学校図書館に掲示したりします。

単元構想表（第2学年　イ）

言語活動	〔思考力，判断力，表現力等〕の指導事項	具体的な学習活動	時
「走れメロス」―14歳のレビューを書く―	単元の目標と活動について理解し，学習の見通しをもつ。		
	ア　文章全体と部分との関係に注意しながら，主張と例示との関係や登場人物の設定の仕方などを捉えること。	「レビュー」について理解した上で本文を通読し，人物の設定を中心に概要を捉える。	1
	イ　目的に応じて複数の情報を整理しながら適切な情報を得たり，登場人物の言動の意味などについて考えたりして，内容を解釈すること。	メロスの言動を中心に読み進め，メロスへの共感や違和感，他の登場人物への感想などについて短い文章にまとめる。	2 3 4
	エ　観点を明確にして文章を比較するなどし，文章の構成や論理の展開，表現の効果について考えること。	現在の小説などと適宜比較し，「走れメロス」の構成や展開，表現の効果について具体例を挙げて短い文章にまとめる。	5 6
	オ　文章を読んで理解したことや考えたことを知識や経験と結び付け，自分の考えを広げたり深めたりすること。	中学校2年生の自分の知識や経験と結び付け，これまでの文章を生かしてレビューを書く。書いたレビューを読み合う。	7
	〔知識及び技能〕の指導事項	具体的な学習活動	時
	(1)エ　抽象的な概念を表す語句の量を増すとともに，類義語と対義語，同音異義語や多義的な意味を表す語句などについて理解し，話や文章の中で使うことを通して，語感を磨き語彙を豊かにすること。	表現の効果について考える際に，語句の意味や使い方に着目する。	5 6
	学習過程に即してどのような資質・能力が身に付いたか振り返る。		

第5章

6　第2学年　ウ

「落語」について複数のメディアで調べる

1 本単元の指導事項

〔知識及び技能〕
・(2)イ　（情報と情報との関係）

〔思考力，判断力，表現力等〕
・イ　（精査・解釈）
・エ　（精査・解釈）

2 教材・題材と言語活動の設定

本単元に対応した言語活動例とその「解説」

> ウ　本や新聞，インターネットなどから集めた情報を活用し，出典を明らかにしながら，考えたことなどを説明したり提案したりする活動。

　　情報を収集する手段としては，本や新聞，雑誌，インターネットなどの様々な媒体が考えられる。これらの媒体には，情報の即時性，信頼性，多様性などの点においてそれぞれ特徴があり，それらに応じて長所，短所がある。また，目次や索引を見る，見出しに着目する，キーワードで検索するなど，自分に必要な情報を効率よく見付けるための方法も，各媒体に応じたものがある。

> 　情報を活用し，考えたことなどを説明したり提案したりするとは，媒体の特性を踏まえて情報を収集し，自分の考えを理解してもらうための根拠や具体例などとして用いて説明したり提案したりすることである。

本単元の言語活動

> 「落語」について複数のメディアで調べる

　様々な伝統芸能の中でも，「落語」は中学生にとって身近に感じるものの１つと思われます。テレビ等で実演を見ることもあるでしょうし，伝統文化に触れる学習の一環として鑑賞する機会もあるかもしれません。落語については，調べてみたい内容が多数あります。例えば，有名な演目の概要，噺(はなし)の分類，噺の構成，演じ方の特徴，寄席の特徴，落語の歴史，落語が元になった映画・ドラマなどが考えられます。そして，それらについて解説した文章としては，専門書や図鑑・事典，インターネットなど多様なものがあります。また，落語に関する最新の動向を知る上では，新聞や雑誌等も参考になるでしょう。これらを読んで調べたことをＡ４判の紙１枚にまとめることが第一の学習です。その上で，自分が活用した情報をメディア（媒体）ごとに見直し，それぞれの媒体から得られる情報の特徴について分析することが第二の学習です。

3 単元の計画と「単元構想表」

第１２時

　まず，単元の目標と，これから取り組む活動について理解し，学習の見通しをもちます。落語についての親しみの度合いを調べ，それに応じて映像資料を見せるなどして興味を喚起し，調べる学習に入ります。調べる内容については生徒に委ねますが，なかなか決まらない生徒については，前述の内容

を例示します。

　学校図書館の中に，本（図鑑・事典），本（専門書），新聞・雑誌，インターネットの４つのコーナーを設けます。地域の図書館等の協力を得て，できるだけ多くの資料を準備しておくことが大切です。生徒は，１つのコーナーを20分でローテーションし，２時間の授業で４つのコーナーから情報を得るようにします。調べた内容については，第５章３の事例と同様，カードに書いて整理します。内容によっては図表や写真が重要になることもあるので，文章と結び付けて理解するように促します。

第3時

　学習過程を入れ換え，収集した情報を活用して調べた内容をＡ４判の紙１枚にまとめる学習を先に行います（「考えの形成」）。まとめる際には，伝えたいことの重点を明確にする（調べたことの羅列で終わらない）こと，活用した情報について出典を示すことを指導します。

第4時

　グループを作り，前時に書いた文章を読み合います。新たに分かったことや質問などを付箋に書いて貼り，互いに参考にします。

　次に書いた文章を改めて読み返し，自分が活用したそれぞれの情報について，媒体による特徴を考えます。例えば図鑑の中には，落語を能や狂言などと一緒に取り上げているものがあり，関心が広がる場合があります。また，インターネットの情報の中には，発信者が明示されておらず信頼性が十分でないものが含まれている場合があります。このようなことについて，具体的な情報に基づきながら分析することが重要です。個人で分析した内容をグループ内で発表し合い，意見交換することも効果的です。

　学級全体の学習形態に戻し，黒板に４つのコーナーの名称を書き，それぞれの媒体の特徴について発表させて板書します。分かったことについて，自身のＡ４判の文章の最下部に書き込んで提出します（評価資料とします）。

単元構想表で見る「読むこと」の言語活動

単元構想表（第２学年　ウ）

言語活動	〔思考力，判断力，表現力等〕の指導事項	具体的な学習活動	時
「落語」について複数のメディアで調べる	単元の目標と活動について理解し，学習の見通しをもつ。		
	イ　目的に応じて複数の情報を整理しながら適切な情報を得たり，登場人物の言動の意味などについて考えたりして，内容を解釈すること。	本（図鑑・事典），本（専門書），新聞・雑誌，インターネットの４つのコーナーを設け，１時間に２つのコーナーを使って落語について調べる。主に伝えたいことを絞る。	1 2
	ウ　文章と図表などを結び付け，その関係を踏まえて内容を解釈すること。	必要に応じて，図表や写真などと文章を結び付けて内容を理解する。	1 2
	エ　観点を明確にして文章を比較するなどし，文章の構成や論理の展開，表現の効果について考えること。	４つのコーナーで得た情報に基づいて，それぞれの媒体の情報の即時性，信頼性，多様性等について考える。	4
	オ　文章を読んで理解したことや考えたことを知識や経験と結び付け，自分の考えを広げたり深めたりすること。	収集・整理した情報を活用し，それぞれの出典を明らかにしながら伝えたいことをＡ４判１枚の文章にまとめる。	3
	〔知識及び技能〕の指導事項	具体的な学習活動	時
	(2)イ　情報と情報との関係の様々な表し方を理解し使うこと。	図表等が入った文章を読む際に，情報と情報との関係の表し方についての知識を活用する。	1 2
	学習過程に即してどのような資質・能力が身に付いたか振り返る。		

第5章

7　第3学年　ア

新聞の「社説」を比較して討論する

1　本単元の指導事項

〔知識及び技能〕
・(2)ア（情報と情報との関係）

〔思考力，判断力，表現力等〕
・イ（精査・解釈）
・ウ（精査・解釈）

2　教材・題材と言語活動の設定

本単元に対応した言語活動例とその「解説」

> ア　論説や報道などの文章を比較するなどして読み，理解したことや考えたことについて討論したり文章にまとめたりする活動。

　　論説の文章については，新聞の論説をはじめ，物事の理非を論じる文章を想定している。また，報道の文章については，新聞や雑誌，インターネットに掲載されている文章などを想定している。これらは，書き手が一定の立場や論点で意見や評価を述べたものである。
　　理解したことや考えたことについて討論したり文章にまとめたりする際には，例えば，文章を読んで得た知識や考えを基に，討論会を行った

> りノートやレポート等にまとめたりすることが考えられる。

本単元の言語活動

> 新聞の「社説」を比較して討論する

　社会的な事象について考えを深める上で、「社説」は有効な文章です。テーマによっては新聞社の主張が異なる場合がありますが、正反対の主張というより、条件付けや視点の置き方の差異ということが多いように思います。例えば、本稿執筆中に、平昌(ピョンチャン)オリンピックに関する社説をいくつか読みましたが、朝日新聞は「わき立つ五輪　殻を破った先の輝き」と題して、特に指導者の育成の重要性について論じていました（平成30年2月20日）。一方、毎日新聞は「平昌冬季五輪が閉幕　多くの感動残した17日間」と題し、選手の競技環境づくりの上での課題を指摘しました（2月26日）。このように、社説を比べて読む学習は、文章を丁寧に読むことにつながると考えられます。テーマを選ぶに当たっては、人権に配慮することはもちろん、「公正かつ適切に判断する能力や創造的精神を養うのに役立つこと。」（学習指導要領の「教材についての配慮事項」）等を踏まえることが必要です。

3　単元の計画と「単元構想表」

第1時

　まず、単元の目標と、これから取り組む活動について理解し、学習の見通しをもちます。生徒が関心をもちやすい社説を例示し、テーマと主張の内容、表現の仕方（データを示す、事例を挙げる、焦点を絞る、事柄を列挙する、批判的に述べる、提案を示すなど）について考えさせます。その上で、同じテーマ扱った複数の社説（3点程度が望ましい）を読んで、それぞれの概要を捉えます。社説の立場や主張の違いについて大まかに理解し、ワークシー

トで整理します。

第❷❸時

それぞれの社説を、改めて批判的に読みます。批判的に読むことについては、『解説』の次の説明を参考にします。

> 文章を批判的に読むとは、文章に書かれていることをそのまま受け入れるのではなく、文章を対象化して、吟味したり検討したりしながら読むことである。
> 　説明的な文章では、例えば、文章中で述べられている主張と根拠との関係が適切か、根拠は確かなものであるかどうかなど、述べられている内容の信頼性や客観性を吟味しながら読むことが求められる。

疑問点や共感できない点などを明確にするとともに、論理の展開、表現の仕方などについて社説を評価します。その際、社説の内容の「具体的」「抽象的」ということが判断の基準の１つになることがあるので、〔知識及び技能〕(2)アの学習との関連を図ります。評価の理由については、社説の本文に書き込みをしたり観点ごとにメモを残したりするなど、思考・判断の状況を教師が捉えることができるよう工夫することが重要です。評価の結果を踏まえ、自分の考えに最も近い（最も共感できる）社説を選びます。次時の討論に備え、自分が選んだ社説のよい点、選ばなかった社説の問題点等を整理します。

第❹時

異なる社説を選んだ生徒同士でグループを作って討論します。テーマについて討論するというより、社説のよさについて討論するという意識をもつよう指導します。

討論して考えたことを含め、単元の学習全体を振り返ります。

単元構想表で見る「読むこと」の言語活動

単元構想表（第3学年 ア）

言語活動	〔思考力，判断力，表現力等〕の指導事項	具体的な学習活動	時
新聞の「社説」を比較して討論する	単元の目標と活動について理解し，学習の見通しをもつ。		
	ア 文章の種類を踏まえて，論理や物語の展開の仕方などを捉えること。	新聞の社説の特徴を理解し，同じテーマを扱った複数の社説を読む。それぞれの概要を捉え，立場や主張の違いを考える。	1
	イ 文章を批判的に読みながら，文章に表れているものの見方や考え方について考えること。	それぞれの社説を批判的に読み，疑問に感じる点，共感できない点などを明確にする。	2 3
	ウ 文章の構成や論理の展開，表現の仕方について評価すること。	論理の展開，表現の仕方などに着目して，それぞれの社説を評価する。自分の考えに最も近い社説を選び，次時の討論の準備をする。	2 3
	エ 文章を読んで考えを広げたり深めたりして，人間，社会，自然などについて，自分の意見をもつこと。	異なる社説を選んだ生徒同士で討論し，最終的な考えを簡潔に記述する。	4
	〔知識及び技能〕の指導事項	具体的な学習活動	時
	(2)ア 具体と抽象など情報と情報との関係について理解を深めること。	それぞれの社説を評価する際に，「具体と抽象」に関する知識及び技能を働かせる。	3
	学習過程に即してどのような資質・能力が身に付いたか振り返る。		

第5章

8　第3学年　イ

3年間で読んだ教科書の詩を批評する

1 本単元の指導事項

〔知識及び技能〕
・(1)ウ（文や文章）

〔思考力，判断力，表現力等〕
・イ（精査・解釈）
・ウ（精査・解釈）

2 教材・題材と言語活動の設定

本単元に対応した言語活動例とその「解説」

> イ　詩歌や小説などを読み，批評したり，考えたことなどを伝え合ったりする活動。

> 　取り上げる文章としては，詩，俳句，短歌，小説などが考えられる。
> 　批評するとは，対象とする物事や作品などについて，そのものの特性や価値などについて，論じたり，評価したりすることである。
> 　考えたことなどを伝え合う際には，例えば，物語の展開の仕方や表現の効果について，根拠となる部分を挙げて客観的に説明することが考えられる。

本単元の言語活動

> 3年間で読んだ教科書の詩を批評する

　詩は，小学校から継続的に教材として取り上げられ，中学校に入学してからも，生徒は多くの詩を学習しています。詩を学習する際には，取り上げられている事物や出来事を理解し，それに対する作者の思いや考えを想像することと，その詩がもつリズムや表現の工夫，吟味された言葉の使い方を味わうことに重点が置かれます。前者は主に「内容」に着目した学習，後者は主に「表現の仕方」に着目した学習と言うことができるでしょう。こうした学習の総まとめとして，3年間で学んだ教科書の詩を読み返し，好きな詩の「ベスト5」を決めることにします。もちろん，何となく決めるのでは学習になりません。観点を明確にして分析的・批判的に詩を読み，なぜその5つを選んだのか，なぜその順位になったのかを説明できるようにします。それが，結果的に詩を批評することになります。

3　単元の計画と「単元構想表」

第❶時

　まず，単元の目標と，これから取り組む活動について理解し，学習の見通しをもちます。特に，「ベスト5」を決める上で理由を明確にすることが重要であることを強調します。

　3年間で学習した詩の一覧を配付します。〔知識及び技能〕(1)ウとの関連を図りながら，詩の特徴を整理します。「連」による構成，リズム，表現の技法，言葉の使い方，伝わるメッセージなどが挙げられるでしょう。それらが，これから詩を分析的に読んでいく際の観点になります。第1時では，全員で全ての詩を通読し，学習したことを懐かしく思い出して学習意欲を喚起します。

第2時

　一つ一つの詩について，批判的・分析的に読みます。本時では，主に内容面に着目するよう促します。この段階では，「ベスト５」の候補を選ぶことが中心になります。それぞれの詩に書き込みをしながら，選んだ詩のどのような点がよいのかを整理するようにします。個人学習で終始するのではなく，参考となる選び方をしている生徒の例を適宜取り上げ，全体で学ぶ時間帯を作るようにします。

第3・4時

　第３時では，主に表現の仕方に着目して詩を読みます。第２時で学習した内容と合わせて，「ベスト５」を決めます。順位を決めるに当たっては，複数の詩を比較する場面が生じます。その際，どのような表現の工夫があるかを理解するだけでなく，それが効果的かどうかを考えさせることが重要です。『解説』の次の説明を参考に指導し，詩を選んだ理由が，単に「表現が工夫されているから」「表現の技法が使われているから」等の記述で終わらないよう注意します。

> 　表現の仕方について評価するとは，様々な表現の仕方が，文章の内容や書き手の考えを正確に伝えたり印象付けたりする上でどのような効果を上げているかなどを根拠に基づいて判断し，その意味などについて考えることである。

第5時

　これまでの学習内容をワークシートにまとめます。グループや学級全体でワークシートを読み合い，意見交換して，新たに考えたことをワークシートに追加します。また，よい批評の内容を取り上げたり，教師自身が作成した批評文を示したりして学習のまとめとします。

単元構想表（第３学年　イ）

言語活動	〔思考力，判断力，表現力等〕の指導事項	具体的な学習活動	時
3年間で読んだ教科書の詩を批評する	単元の目標と活動について理解し，学習の見通しをもつ。		
	ア　文章の種類を踏まえて，論理や物語の展開の仕方などを捉えること。	第１学年からこれまでに学習してきた詩を読み返し，詩の特徴を踏まえて内容を再確認する。	1
	イ　文章を批判的に読みながら，文章に表れているものの見方や考え方について考えること。	主に内容面に着目して，自分が好きな詩を選ぶ。選んだ詩のよさをメモしておく。	2
	ウ　文章の構成や論理の展開，表現の仕方について評価すること。	主に表現の仕方に着目して，自分が好きな詩を選ぶ。第２時の内容と合わせて，好きな詩の「ベスト5」を決める。その順位にした理由を明確にする。	3 4
	エ　文章を読んで考えを広げたり深めたりして，人間，社会，自然などについて，自分の意見をもつこと。	「ベスト5」の詩と，それを選んだ理由を説明した文章（批評文）をワークシートにまとめる。ワークシートを読み合って意見交換する。	5
	〔知識及び技能〕の指導事項	具体的な学習活動	時
	(1)ウ　話や文章の種類とその特徴について理解を深めること。	詩の特徴を整理し，詩を評価する際の観点を見いだす。	1
	学習過程に即してどのような資質・能力が身に付いたか振り返る。		

第5章

9　第3学年　ウ

○○中学校版「防災の手引き」を作る

1　本単元の指導事項

〔知識及び技能〕
　・(2)イ　（情報の整理）

〔思考力，判断力，表現力等〕
　・ア　（構造と内容の把握）
　・ウ　（精査・解釈）

2　教材・題材と言語活動の設定

本単元に対応した言語活動例とその「解説」

> ウ　実用的な文章を読み，実生活への生かし方を考える活動。

　実用的な文章としては，広告，商品などの説明資料，取扱説明書，行政機関からのお知らせなどとして書かれた多様な文章が考えられる。義務教育修了段階である第3学年において，実生活で読むことが想定される様々な実用的な文章を，必要に応じて読み，活用することが重要である。
　実生活への生かし方を考えるとは，実用的な文章を読み，実生活の場面を想定した対応を考えることである。

本単元の言語活動

> ○○中学校版「防災の手引き」を作る

　様々な災害の危険性が増している中，各学校では，地域の実情を踏まえた防災教育が進められています。防災教育については，理科，保健体育科，道徳科，総合的な学習の時間，特別活動等が直接関連していますが，全体計画の中で国語科としての取組を推進することも大切です。特に，防災に関する適切な情報を集め正しく理解することは，国語科の学習内容として極めて重要です。

　ここでは，防災に関する多様な情報を収集し，自身が学ぶ中学校に密着した「防災の手引き」を作るという言語活動を設定しました。災害から身を守るためには，火災，地震，風水害，その他の自然災害についての正しい知識をもつとともに，市役所等の行政機関が示している，災害時の対応の仕方や注意点についても理解を深める必要があります。それらの情報については，正しく読み取ることが不可欠です。授業を進めるに当たっては，同じテーマについて2つのグループが資料を作成し，互いに内容を点検し合うようにします。

3 単元の計画と「単元構想表」

第1 2時

　まず，単元の目標と，これから取り組む活動について理解し，学習の見通しをもちます。防災教育に関する全体計画を踏まえ，他教科等での学習を想起させます。「○○中学校版『防災の手引き』」の目次を示し，グループで分担を決めます（同じテーマを2つのグループが担当するようにします）。本や図鑑，市役所や消防署からの広報などをできるだけ準備し，活用させるようにします。また，インターネットも適宜活用しますが，情報の発信元を明

確にするよう注意させます。
　読んだ文章の内容を理解し、それを、自校の生徒に伝える形で文章にします。参考にした情報を明示させることが、次時の学習につながります。「書くこと」の学習ではないので、レイアウトを決めた原稿用紙を準備するなど学習の効率化を図りましょう。

第③④時

　同じテーマを担当したグループの文章を互いに読みます。ここでは、「点検」する意識をもって読むことが大切です。情報の信頼性については、〔知識及び技能〕(2)イに関する、『解説』の次の内容を参考にします。

> 　情報の信頼性の確かめ方としては、例えば、第１学年で学習した「出典の示し方」から確認する方法が挙げられる。本であれば奥付に書かれた書名、著者名、発行年、出版社等を確認すること、インターネットであれば、同じ事柄に対する複数の情報源から収集した様々な情報を照らし合わせながら確認することなどが考えられる。

　特に、災害時の行動に関する記述内容については誤りがあっては大変です。元になった情報を読み、正しい記述になっているかチェックします。個々のチェックの過程をノートやワークシートに記録させ、それに基づいて評価するようにします。
　点検した内容や、読んだ感想（分かりやすさなど）を伝え合い、互いに参考にします。

第⑤時

　第３・４時の学習を踏まえて、文章を清書します。特に参考になる文章とその元になった情報を取り上げ、実用的な文章を正しく理解することの重要性について確認の指導をします。

単元構想表で見る「読むこと」の言語活動

単元構想表（第3学年　ウ）

言語活動	〔思考力，判断力，表現力等〕の指導事項	具体的な学習活動	時
○○中学校版「防災の手引き」を作る	単元の目標と活動について理解し，学習の見通しをもつ。		
	ア　文章の種類を踏まえて，論理や物語の展開の仕方などを捉えること。	「防災の手引き」のテーマをグループで分担し，必要な資料を集めて内容を理解する。 その内容を，自校の生徒に伝える形で文章にまとめる。	1 2
	イ　文章を批判的に読みながら，文章に表れているものの見方や考え方について考えること。	同じテーマを担当したグループの文章を読んで，情報の信頼性についてチェックする。	3 4
	ウ　文章の構成や論理の展開，表現の仕方について評価すること。	同じテーマを担当したグループの文章を読んで，災害や防災についての考え方や伝え方について，正誤や分かりやすさなどを評価する。	3 4
	エ　文章を読んで考えを広げたり深めたりして，人間，社会，自然などについて，自分の意見をもつこと。	他のグループの文章や助言を参考に，「手引き」の文章を完成させる。	5
	〔知識及び技能〕の指導事項	具体的な学習活動	時
	(2)イ　情報の信頼性の確かめ方を理解し使うこと。	情報の信頼性の確かめ方に関する知識を生かして，同じテーマを担当したグループの文章を点検する。	3
	学習過程に即してどのような資質・能力が身に付いたか振り返る。		

第6章

単元構想表で見る「語彙・読書・言語文化」の指導アイデア

第6章

1 第1学年　語彙

物語の中から心情を表す語を探す

1　本単元の指導事項とその「解説」

〔知識及び技能〕
・(1)ウ　（語彙）

2　単元の計画と「単元構想表」

　語彙指導の改善・充実は，今回の学習指導要領改訂の重点の1つです。『解説』の「国語科の改訂の趣旨及び要点」では，「語彙は，全ての教科等における資質・能力の育成や学習の基盤となる言語能力を支える重要な要素である。」とした上で，意味を理解している語句の数を増やすだけでなく，語句の意味や使い方に対する認識を深め，語感を磨くことを求めています。
　本単元では「読むこと」の学習との関連を図り，物語の中から心情を表す語句を探す活動を設定します。『解説』の次の記述を参考にします。

> （語句の量を増す際には）話や文章の中でどのように使用されているか，自分が理解したり表現したりするときにどのように用いればよいかについて考えることが重要である。

　例えば「少年の日の思い出」には，「うっとりした感じ」「息もつまりそうになり」「妬み，嘆賞しながら彼を憎んでいた」など，心情を表す豊かな表現が多数見られます。これらを，語句のまとまりとして認識することで，今

後の各領域の学習に役立てていくことを意図します。

第1時

既習の「少年の日の思い出」を読み返して、心情を表す語句を探します。個人で探した語句をグループで確認します。語句を改めて見渡し、気付いたことを出し合います。似た心情で語句を分類してみてもよいかもしれません。

第2時

最近読んだ本（物語）を持参し、前時と同じ学習を行います。朝読書等の取組との関連を図ると効果的です。探した語句の中から使ってみたいものを選び、短文を作ります。作った文を集めて印刷し、言葉への関心を高めます。

単元構想表（第1学年　語彙）

言語活動	〔知識及び技能〕の指導事項	具体的な学習活動	時
物語の中から心情を表す語を探す	単元の目標と活動について理解し、学習の見通しをもつ。		
	(1)ウ　事象や行為、心情を表す語句の量を増すとともに、語句の辞書的な意味と文脈上の意味との関係に注意して話や文章の中で使うことを通して、語感を磨き語彙を豊かにすること。	「少年の日の思い出」を読み返し、心情を表す語を探してノートに書き出す。 グループで語句を確認し、気付いたことを発表する。	1
		最近読んだ本（物語）を持参し、その中から、心情を表す語句を探す（必要に応じて辞書で意味を調べる）。 前時で書き出した語句も含め、探した語句の中からいくつかを選んで、単文の中で使ってみる。	2
	どのような資質・能力が身に付いたか振り返る。		

第6章

2 第2学年　情報と情報との関係

「市政の基本計画」を整理する

1 本単元の指導事項とその「解説」

〔知識及び技能〕
・(2)ア（情報と情報との関係）

2 単元の計画と「単元構想表」

　生徒たちは日々大量の情報にさらされていますが，それらを的確に理解し，自分の考えの形成に生かしていくことについては課題が見られます。これを解決するために，「情報と情報との関係に関する事項」と「情報の整理に関する事項」の2つの知識及び技能を身に付け，領域の学習で活用します。
　第2学年では，「意見と根拠」「具体と抽象」という関係を理解します。「意見と根拠」は第1学年でも学習しています。「具体と抽象」については，『解説』の次の記述を参考にします。

> 　具体とは，物事などを明確な形や内容で示したものであり，抽象とは，いくつかの事物や表象に共通する要素を抜き出して示したものである。例えば，具体は例示の際など，抽象は共通する要素を抽出してまとめる際など，状況や必要に応じて使い分けられていることを理解することが重要である。

　本単元では，生徒が住む市町村の行政の計画を取り上げ，その内容を整理

単元構想表で見る「語彙・読書・言語文化」の指導アイデア

することを通して「具体と抽象」という概念を理解することを目指します。どの市町村でも，ホームページ等で自治体の基本計画や基本構想を公開しています。それらの多くは，抽象度の高いいくつかの「柱」と，具体的な施策で構成されています（右は，さいたま市・総合振興計画書より）。このような資料を用いて授業を進めます。

> (2) 子育てを応援し，だれもが健やかに安心して暮らせる［健康・福祉］
> ○未来を担う子どもたちが健やかに育つよう，家庭や地域社会と連携しながら，子育てのしやすい環境整備を進めます。
> ○市民が積極的に心と体の健康づくりを進められるよう，地域に根づいた健康・長寿の保健・福祉・医療体制を充実していきます。
> ○高齢者や障害のある人など，だれもが自由に活動できるよう，物理的，制度的，精神的な障壁を取り除き，バリアフリーの社会を築きます。
> ○介護などについて家庭や地域社会が課題を共有するとともに，ボランティア団体，NGO・NPOや民間事業者も交えて多様なニーズにこたえられる保健福祉サービスを生み出し，互いに協力し支えあう地域社会を築きます。

第❶時

市政の基本計画の内容をバラバラの短冊にして示します。生徒は，グループで話し合いながらそれらを分類します。その過程で，大きな「柱」と，それを具体化した「方策」の違いがあることに気付くでしょう。全体を整理し終わったら，「方策」と「柱」の文言・内容を比べて，それらが具体と抽象の関係にあることを学習します。時間があれば，他の例を挙げさせてみます。

単元構想表（第２学年　情報と情報との関係）

言語活動	〔知識及び技能〕の指導事項	具体的な学習活動	時
「市政の基本計画」を整理する		本時の目標と活動について理解し，学習の見通しをもつ。	
	(2)ア　意見と根拠，具体と抽象など情報と情報との関係について理解すること。	市政の基本計画の内容（柱と具体的な方策）をバラバラの短冊にして示す。グループで短冊を分類しながら，柱と方策を区別し，それらが具体と抽象の関係にあることを理解する。	❶
		どのような資質・能力が身に付いたか振り返る。	

第6章

3　第3学年　情報の整理

「世界一高い建造物」を確定する

1　本単元の指導事項とその「解説」

〔知識及び技能〕
・(2)イ　（情報の整理）

2　単元の計画と「単元構想表」

　インターネット等を使って気軽に情報が入手できる現代においては，「この情報は本当に正しいのか」という意識をもつことが必要です。第3学年の「情報の整理に関する事項」では，情報の信頼性の確かめ方についての知識及び技能を育成します。『解説』では，次のように述べられています。

> 　情報の信頼性の確かめ方としては，例えば，第1学年で学習した「出典の示し方」から確認する方法が挙げられる。本であれば奥付に書かれた書名，著者名，発行年，出版社等を確認すること，インターネットであれば，同じ事柄に対する複数の情報源から収集した様々な情報を照らし合わせながら確認することなどが考えられる。

　これを踏まえて，本単元では，「世界一高い建造物」を確定するという課題を設定しました。言うまでもなく，様々な「世界一」は時間の経過とともに変わります。本や新聞，雑誌等の情報ならば，より新しいものが適切な情報ということになるでしょう。インターネットの情報は，いつの時点のもの

なのかが明示されていない場合があります。また，情報の発信元も多様です。こうしたことに留意しながら，個々に根拠となる情報を明確にしながら，「世界一の建造物」を確定します。

第1時

　あまり細かい説明をしないで作業に入るようにします。この授業では，失敗や間違いがあった方が学習が充実するからです。

　事前に発行年が異なる図鑑や新聞などから，（その時点での）「世界一の建造物」に関する情報を収集し，印刷して配付します。その上で，インターネットから自由に情報を得させるようにします。生徒の情報収集・活用の様子を見守り，問題点に気付いたら記録しておいて，後で学習の材料とします。

　活動が終わったら，確定した内容と，根拠とした情報及びその信頼性について数人の生徒に発表させます。感想や意見を出しながら，情報の信頼性の確かめ方について，知識面と技能面で整理します。

単元構想表（第3学年　情報の整理）

言語活動	〔知識及び技能〕の指導事項	具体的な学習活動	時
「世界一高い建造物」を確定する	本時の目標と活動について理解し，学習の見通しをもつ。		
	(2)イ　情報の信頼性の確かめ方を理解し使うこと。	印刷された資料とインターネットの情報を用いて，「世界一高い建造物」は何かを調べて確定する。　確定した内容の信頼性について，使用した情報を挙げながら説明する。　情報の信頼性の確かめ方について，整理する。	1
	どのような資質・能力が身に付いたか振り返る。		

第6章

4　第3学年　伝統的な言語文化

『論語』の言葉を使ってメッセージを書く

1　本単元の指導事項とその「解説」

〔知識及び技能〕
・(3)イ　（伝統的な言語文化）

2　単元の計画と「単元構想表」

　第3学年の「伝統的な言語文化に関する事項」イの内容について，『解説』では次のように説明しています。

> 　例えば，その言葉や一節を基に感想文や作品を紹介する文章を書くこと，スピーチをすること，手紙を書くこと，座右の銘を書くことなどが考えられる。このような活動を通して，長く親しまれている言葉や古典の一節を話や文章に取り入れていくことが重要である。

　古典の文章が現在の生活と結び付いたと実感することは，古典に親しむ態度を育てる上で極めて重要です。
　本単元では，卒業の時期を想定し，『論語』の一節を引用して下級生へのメッセージを書く活動を設定しました。『論語』には，人間の生き方について考えさせる内容（「過ちては改むるに憚ること勿かれ」「過ぎたるは猶お及ばざるがごとし」等）が多数あります。これらを中学校生活での経験と結び付けて，下級生へのメッセージとしてまとめます。例えば，「『己の欲せざる所は

人に施すこと勿かれ』。部活動で『先輩』と呼ばれるようになって私が感じた気持ちはこの言葉に似ています。…」というような文章がモデルとなります。

第❶時

　『論語』の一節を一覧にしたプリントを準備します。教科書で既習のもの以外は、簡単な現代語訳を添えます。音読してリズムに親しんだ後、内容を理解し、自分が用いる一節を選びます。中学校での経験と結び付け、下級生に伝えたいことと選んだ一節とが関連付けられることが大切です。

第❷時

　メッセージを300字程度で書きます。書いたメッセージをグループで読み合い、選んだ一節の理解は正しいか、伝えたいことと関連しているかという観点で意見を述べ合います。メッセージを清書して、下級生が見られるよう掲示します。

単元構想表（第3学年　伝統的な言語文化）

言語活動	〔知識及び技能〕の指導事項	具体的な学習活動	時
『論語』の言葉を使ってメッセージを書く		単元の目標と活動について理解し、学習の見通しをもつ。	
	(3)イ　長く親しまれている言葉や古典の一節を引用するなどして使うこと。	『論語』の一節を一覧にしたプリントを読む。それぞれを音読し、現代語訳を参考に内容を理解する。中学校での経験と結び付け、用いる一節を選ぶ。	❶
		『論語』の一節を用いて、下級生へのメッセージを300字程度で書く。メッセージをグループで読んで、感想を述べ合う。	❷
		どのような資質・能力が身に付いたか振り返る。	

第6章

5 第2学年　言葉遣い

広告の敬語について考える

1　本単元の指導事項とその「解説」

〔知識及び技能〕
・(1)カ　（言葉遣い）

2　単元の計画と「単元構想表」

　第2学年の「言葉遣いに関する事項」は、敬語について示しています。敬語については、小学校第5学年及び第6学年で学習しています。『解説』では、中学校第2学年での指導の重点を次のように示しています。

> 　中学校においては、敬語に関する個々の体験的な知識を整理して体系付けるとともに、人間関係の形成や維持における敬語のもつ働きを理解する必要がある。
> 　具体的には、基本となる尊敬語、謙譲語、丁寧語について理解することが求められる。

　敬語の働きを理解するために、尊敬語、謙譲語、丁寧語の区別を行うことはこれまでも指導してきました。知識を与えるだけでなく、実生活に即して理解させることが引き続き重要です。それに加えて、なぜ敬語を使うのか、敬語を使うことにどのような「効果」があるのかを考えさせたいというのが本単元のアイデアです。

第❶時

　事前に，様々な広告を教材として準備しておきます。

　本時の学習の見通しをもった後，教師が敬語の３分類について説明します。小学校で学習したことを想起させ，それを体系化するという意識をもたせるようにします。

　次に，個人で広告を数枚分担し，その中から敬語を探します。「おなかいっぱい召し上がってください。」「お売りください。」「多数のプランがございます。」など，複数の敬語を見つけることができるでしょう。グループになって見つけた敬語を出し合い，分類します。いくつかのグループに発表させます。

　教師が，敬語が使われていない例（「クーポンを手に入れよう。」など）を示し，敬語を使った場合との違いを考えさせます。相手への敬意は敬語の使用だけで示されるわけではないこと，敬語の使い方によって，その会社（人）の印象が変わってくることなどについて考えられるとよいでしょう。

単元構想表（第２学年　言葉遣い）

言語活動	〔知識及び技能〕の指導事項	具体的な学習活動	時
広告の敬語について考える		本時の目標と活動について理解し，学習の見通しをもつ。	
	(2)カ　敬語の働きについて理解し，話や文章の中で使うこと。	敬語の３分類（尊敬語，謙譲語，丁寧語）について学ぶ。 　広告の中から，敬語を探す。グループになって，集めた敬語を分類する。 　敬語が使われていない広告と比較し，表現の効果の違いについて意見を出し合う。	❶
		どのような資質・能力が身に付いたか振り返る。	

6 第1学年 読書

学校図書館の本を関連付ける

1 本単元の指導事項とその「解説」

〔知識及び技能〕
・(3)オ （読書）

2 単元の計画と「単元構想表」

　多様な読書指導の成果で，中学生の読書活動は活発になっているというデータがあります。一方，読書に関心がなく，学校図書館にもほとんど行かない生徒がかなりの割合でいることも実態です。これを解決するためには，特に第１学年の段階において，「読書に関する事項」の指導を早い時期に位置付け，〔思考力，判断力，表現力等〕の各領域の学習に役立てるようにすることが大切です。『解説』では，次のように説明しています。

> 　読書をすることによって，知識や情報を得たり，新しいものの見方や考え方を知ったり，自分の考えが広がったりすることを実感できるようにすることが大切である。そのためには，例えば，学校図書館や地域の図書館などを活用するなどして，様々な種類の本や資料などを手に取り，読書の範囲を広げるようにすることも大切である。

　これを受けて，本単元では，自分が関心のある本と「周辺の本」の２冊を読んで，感じたこと考えたことを発表する活動を位置付けました。読書によ

って知識が増え，考えが広がっていくことを実感させることがねらいです。

第❶時
　学校図書館で学習します。本の探し方に慣れた後，自分なりの方法（検索する，目的の棚から選ぶなど）で，読みたい本を１冊選びます。その上で，同じ棚の近くにある別の本も１冊選びます。日本十進分類法に即している棚であれば，その２冊は同じ大分類の中の２冊ということになります。

第❷時
　関連を考えながら２冊の本を読み，感じたことや考えたことを300字程度の文章にまとめます。ペアやグループで発表し合います。今回の読書を通じて学習したことを振り返ります。

単元構想表（第１学年　読書）

言語活動	〔知識及び技能〕の指導事項	具体的な学習活動	時
学校図書館の本を関連付ける	単元の目標と活動について理解し，学習の見通しをもつ。		
	(3)オ　読書が，知識や情報を得たり，自分の考えを広げたりすることに役立つことを理解すること。	学校図書館の本をクイズ形式で探しながら，探し方に慣れる。自分なりの方法で，読みたい本１冊を決める。同じ棚の，近くにある本の中から別の１冊を選ぶ。	❶
		（「朝読書」の時間なども使いながら）２冊の本を読み，その関連を考える。ペアやグループになって，それぞれが本を示しながら考えたことを発表する。	❷
	どのような資質・能力が身に付いたか振り返る。		

あとがき

　平成19年度に始まった「全国学力・学習状況調査」では，児童生徒や学校に対する質問紙調査も行っています。その中には，毎年継続的に設けている質問項目もあり，学習についての意識の変化を見ることができます。

　例えば，「国語の授業で目的に応じて資料を読み，自分の考えを話したり，書いたりしていますか。」という質問に対して，中学校3年生の肯定的な回答（「当てはまる」「どちらかといえば，当てはまる」の合計）は，平成22年度以降，一貫して増えています。具体的には，平成21年度に41.5％だったものが平成29年度は62.4％になっており，10年足らずの間に20ポイントも上昇しています。これは，指導事項に示された力を課題解決的な言語活動を通して育成するという授業づくりが進められた結果であると思います。

　新しい学習指導要領では，「主体的・対話的で深い学び」の実現に向けた授業改善が求められていますが，教師による講義調の指導に偏しない授業づくりは既に広く実践されており，この方向性を大切にしながら，更なる質の向上を図っていくことが重要になるでしょう。

　この「質の向上を図る」というのは，育成を目指す資質・能力が確実に身に付いているのかということを一層厳しく見ていくことです。楽しく意欲的に言語活動に取り組んでいても，指導事項に即した資質・能力の育成が不十分では困ります。本書で提案している授業づくりの方法や具体的なアイデアは，これまで筆者が述べてきた考えの延長線上にあるものです。その中に新しい学習指導要領の考え方を取り入れ，授業の質の向上について自分なりのブラッシュアップを図ったつもりでいます。本書が，中学校国語科の授業の充実に少しでも役に立つことができれば，これ以上の喜びはありません。

終わりに，本書の刊行に当たり，明治図書の木山麻衣子氏には格別のご尽力をいただきました。記して，深く感謝いたします。

2018年6月

冨山　哲也

【著者紹介】

冨山　哲也（とみやま　てつや）

十文字学園女子大学人間生活学部児童教育学科教授。
東京都公立中学校教員，あきる野市教育委員会，多摩教育事務所，東京都教育庁指導部指導主事を経て，平成16年10月から文部科学省教科調査官（国語），国立教育政策研究所教育課程調査官・学力調査官。平成20年版学習指導要領の作成，全国学力・学習状況調査の問題作成・分析等に携わる。平成27年4月から現職。平成29年版学習指導要領等の改善に係る検討に必要な専門的作業等協力者（中学校国語）。第1期〈絵本専門士〉。

〈主な著書〉

『平成29年版　中学校新学習指導要領の展開　国語編』（明治図書）

『主体的・協働的に学ぶ力を育てる！中学校国語科アクティブ・ラーニング GUIDE BOOK』（明治図書）

『〈単元構想表〉が活きる！　中学校国語科授業＆評価 GUIDE BOOK』（明治図書）

『〈単元構想表〉でつくる！　中学校新国語科授業 START BOOK　第1学年』『同第2学年』『同第3学年』（明治図書）

中学校　新学習指導要領　国語の授業づくり

2018年7月初版第1刷刊	©著　者	冨　　山　　哲　　也
2021年7月初版第4刷刊	発行者	藤　　原　　光　　政
	発行所	明治図書出版株式会社

http://www.meijitosho.co.jp
（企画）木山麻衣子（校正）大江文武
〒114-0023　東京都北区滝野川7-46-1
振替00160-5-151318　電話03(5907)6702
ご注文窓口　電話03(5907)6668

＊検印省略　　　組版所　株式会社カシヨ

本書の無断コピーは，著作権・出版権にふれます。ご注意ください。

Printed in Japan　　ISBN978-4-18-286719-4
もれなくクーポンがもらえる！読者アンケートはこちらから